Fundamentos da administração
um olhar transversal

DIALÓGICA

O selo DIALÓGICA da Editora InterSaberes faz referência às publicações que privilegiam uma linguagem na qual o autor dialoga com o leitor por meio de recursos textuais e visuais, o que torna o conteúdo muito mais dinâmico. São livros que criam um ambiente de interação com o leitor – seu universo cultural, social e de elaboração de conhecimentos –, possibilitando um real processo de interlocução para que a comunicação se efetive.

A capa desta obra foi ilustrada por André Figueiredo Müller, com base em *O arsenal* (1928), de Diego Rivera.

Fundamentos da administração

um olhar transversal

Sandra Maria Coltre

Rua Clara Vendramin, 58 ▪ Mossunguê
CEP 81200-170 ▪ Curitiba ▪ PR ▪ Brasil
Fone: (41) 2106-4170
www.intersaberes.com
editora@editoraintersaberes.com.br

Conselho editorial
Dr. Ivo José Both (presidente)
Dr.ª Elena Godoy
Dr. Nelson Luís Dias
Dr. Neri dos Santos
Dr. Ulf Gregor Baranow

Editora-chefe
Lindsay Azambuja

Supervisora editorial
Ariadne Nunes Wenger

Analista editorial
Ariel Martins

Capa
Charles L. da Silva (*design*)
André Figueiredo Müller (ilustração)

Projeto gráfico
Laís Galvão dos Santos

Dados Internacionais de Catalogação na Publicação (CIP)
(Câmara Brasileira do Livro, SP, Brasil)

Coltre, Sandra Maria
   Fundamentos da administração: um olhar transversal/Sandra Maria Coltre. Curitiba: InterSaberes, 2014.

   Bibliografia.
   ISBN 978-85-443-0076-3

   1. Administração 2. Administração – Estudo e ensino I. Título.

14-09405   CDD-658.007

Informamos que é de inteira responsabilidade da autora a emissão de conceitos. Nenhuma parte desta publicação poderá ser reproduzida por qualquer meio ou forma sem a prévia autorização da Editora InterSaberes. A violação dos direitos autorais é crime estabelecido na Lei n. 9.610/1998 e punido pelo art. 184 do Código Penal.

Índices para catálogo sistemático:
1. Administração: Estudo e ensino 658.007

1ª edição, 2014.
Foi feito o depósito legal.

Sumário

Apresentação, 11
Como aproveitar ao máximo este livro, 16
Introdução, 21

1 Administração como ciência, 25

    1.1 Surgimento da administração, 27
    1.2 Paradigma e conhecimento, 32
    1.3 Conhecimento e método científico, 36
    1.4 Método científico nas ciências sociais aplicadas, 44
    1.5 Administração como ciência, 50

2 A profissão de administrador, 61

    2.1 História da profissão de administrador no Brasil, 63
    2.2 As funções do administrador, 65
    2.3 Os símbolos da profissão de administrador, 70
    2.4 Habilidades e competências do administrador, 71
    2.5 Organizações, 82

3 Fundamentos das teorias administrativas, 91

    3.1 A evolução das organizações, 93
    3.2 Teoria clássica da administração, 99

4 Teoria das relações humanas e teoria neoclássica, 115
4.1 Teoria das relações humanas, 118
4.2 Teoria neoclássica, 125

5 Abordagem estruturalista da administração, 151
5.1 A origem do estruturalismo, 153
5.2 Contribuições do estruturalismo para o estudo das organizações, 158
5.3 Análise crítica do estruturalismo, 164

6 Abordagem comportamental da administração, 171
6.1 Aspectos históricos da abordagem comportamental, 174
6.2 Estudos contributivos ao comportamento organizacional (CO), 179
6.3 Ética e comportamento organizacional (CO), 216
6.4 Conceitos da abordagem comportamental, 219

7 Visão transversal: evolução das concepções de *homem* e de *organização*, 233
7.1 Visão transversal ou transversalidade, 236
7.2 Os mitos da gestão, 240

PARA CONCLUIR..., 251
REFERÊNCIAS, 255
RESPOSTAS, 263
SOBRE A AUTORA, 267

Para minha família, meu porto seguro.

*Meus sinceros agradecimentos a todos que
possibilitaram este empreendimento.*

Apresentação

Durante o desafio de escrever esta obra, tendo em vista as tantas excelentes obras já existentes, consideramos em primeiro plano contribuir para o melhor aprendizado de estudantes que buscam obter conhecimentos a fim de se qualificarem para o mercado de trabalho. Todas as pesquisas existentes desvendaram partes da administração segundo cada momento histórico. Contudo, essa área do saber ainda não foi compreendida e dominada totalmente, devido à complexidade humana – ainda que os estudos se complementem, por considerarem as várias possibilidades de ação que o mundo globalizado impõe para a sobrevivência e a sustentabilidade organizacionais, bem como a dinâmica das organizações nos mais variados contextos socioculturais.

Considerando uma visão transversal, nosso intento é apresentar as escolas administrativas sob uma perspectiva crítica, demonstrando a inexistência de fórmulas, receitas ou modelos administrativos que resolvam completamente as questões do dia a dia.

Segundo Barbosa (2002), a visão transversal, ou transversalidade, é uma forma de abordar o conhecimento, concebendo-o como algo dinâmico, em constante transformação e passível de ser relacionado às questões da vida, das organizações e da sociedade. Apoiada em uma visão interdisciplinar do conhecimento, trata-se de uma abordagem da prática educativa que sistematiza a formação e o trabalho dos futuros gestores ao promover relações entre conhecimentos oriundos das várias ciências – que compreendem os fundamentos da administração, os estudos sobre as organizações e o comportamento humano dos integrantes destas –, além de como essas relações foram historicamente construídas.

Nesse sentido, administrar é um processo contínuo que depende do contexto histórico, dos conhecimentos, das habilidades e das atitudes do administrador, além de como ele interage com outras áreas do conhecimento que sustentam a ciência e a arte da administração.

Estudos demonstram que comportamentos inadequados por parte de pessoas em organizações só ocorrem porque utilizamos modelos mentais limitadores, os quais nos levam a interpretar o mundo de forma distorcida. Tais modelos nos aprisionam, impedindo que resolvamos os problemas sob novas perspectivas. Por isso, para melhor aproveitar este livro, você deve exercitar a expansão de seus modelos mentais por meio das reflexões e dos estudos aqui discutidos.

A ideia desta obra é fornecer a você, aluno, noções gerais sobre administração, articulando-as por um viés crítico. Esta disciplina tem por objetivo apresentar o conhecimento sobre a evolução da administração, desde a Antiguidade até a era atual – época da globalização. Recordaremos os avanços obtidos pela Revolução Industrial e seus impactos para a sociedade, além dos problemas que levaram à criação da teoria científica, a qual transformou a administração em ciência. Contemplaremos os estudos dos modernos teóricos, observando as contribuições de cada um deles para o nosso cotidiano profissional, bem como suas limitações – o que não os invalida. Por meio das principais teorias, teceremos o "pano de fundo" para esta e para todas as demais disciplinas do curso com base nas ideias de planejamento, organização, direção e controle, considerando que até os mais modernos mecanismos administrativos têm sua origem nesses conceitos.

A seguir, apresentaremos o mapa desta obra, considerando as três perspectivas utilizadas: 1) os conhecimentos científicos, que abordam os estudos realizados pelos autores que desenvolveram ou contribuíram na criação da teoria das organizações, a fim de que o futuro gestor possa desenvolver argumentos sólidos e conhecimentos científicos consistentes à gestão dos processos organizacionais; 2) o autodesenvolvimento, que se refere a inventários desenvolvidos por estudiosos, de modo a verificar sua orientação comportamental; 3) os processos, que constituem as demais atividades, para fixar sua aprendizagem.

Figura A – Mapa da obra

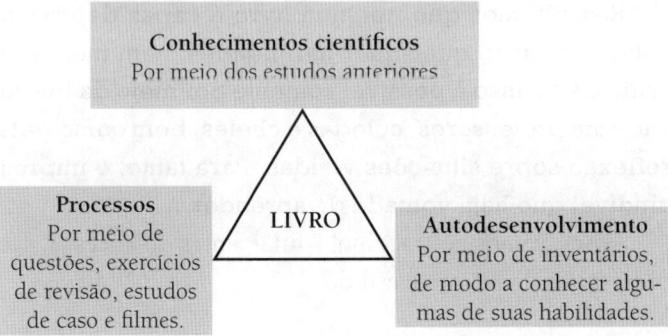

Ao longo do texto, há lembretes destacados em negrito ou em quadros que agregam de forma visualmente compacta informações importantes, o que facilita o processo de recordar, sintetizar e fixar conhecimentos.

Ao final de cada parte, você encontra atividades de aprendizagem para que possa testar o que sabe sobre os conteúdos, compreender melhor a linguagem da área e desenvolver um pensamento científico no trato dos assuntos organizacionais.

O intuito é fornecer, por meio dos estudos das escolas administrativas, conhecimentos que subsidiem as demais disciplinas do curso em estágios mais avançados.

É importante lembrar que, para um melhor aprendizado, você deve interagir com seus professores, participar de discussões com seus colegas e, principalmente, refletir sobre a utilidade no dia a dia dos conceitos propostos.

Alertamos que o linguajar administrativo envolve termos específicos, com os quais você já deve tomar contato, de modo a desenvolver as demais habilidades necessárias durante os anos de estudo. O seu curso foi pensado com a intenção de formar profissionais que consigam integrar e aplicar os conhecimentos na vida diária – lendo, discutindo e refletindo sua prática, bem como compreendendo que o conhecimento está em todos os lugares.

Ressaltamos que nenhum livro é capaz de desenvolver por si só quaisquer habilidades, nem mesmo a criticidade. Isso é possível somente por meio da interação com professores, colegas e chefes, bem como pela reflexão sobre situações vividas. Para tanto, é imprescindível que haja vontade de aprender.

Agora, vamos ao trabalho! Afinal, antes do sucesso, são necessários dedicação e estudo.

Como aproveitar ao máximo este livro

Este livro traz alguns recursos que visam enriquecer o seu aprendizado, facilitar a compreensão dos conteúdos e tornar a leitura mais dinâmica. São ferramentas projetadas de acordo com a natureza dos temas que vamos examinar. Veja a seguir como esses recursos se encontram distribuídos no decorrer desta obra.

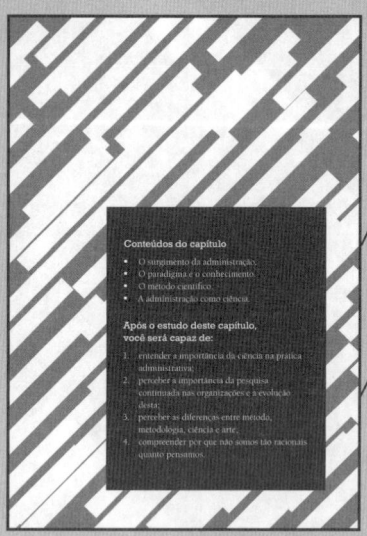

Conteúdos do capítulo

Logo na abertura do capítulo, você fica conhecendo os conteúdos que nele serão abordados.

Após o estudo deste capítulo, você será capaz de:

Você também é informado a respeito das competências que irá desenvolver e dos conhecimentos que irá adquirir com o estudo do capítulo.

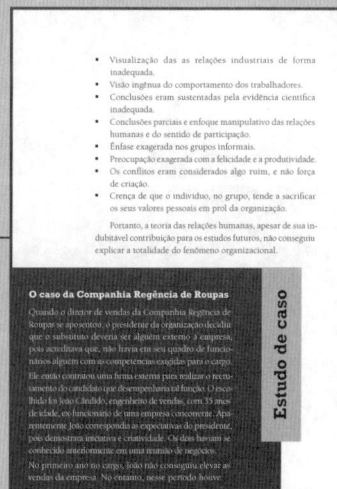

Estudo de caso

Esta seção traz ao seu conhecimento situações que vão aproximar os conteúdos estudados de sua prática profissional.

Para saber mais

Você pode consultar as obras indicadas nesta seção para aprofundar sua aprendizagem.

Síntese

Você dispõe, ao final do capítulo, de uma síntese que traz os principais conceitos nele abordados.

Questões para revisão

Com estas atividades, você tem a possibilidade de rever os principais conceitos analisados. Ao final do livro, a autora disponibiliza as respostas às questões, a fim de que você possa verificar como está sua aprendizagem.

Questões para reflexão

Nesta seção, a proposta é levá-lo a refletir criticamente sobre alguns assuntos e trocar ideias e experiências com seus pares.

Introdução

Bem-vindo ao século XXI! Convidamos você para uma reflexão inicial sobre a administração em uma época em que se vive simultaneamente em dois tipos de mundo: o concreto e o virtual. Em ambos podemos comprar, vender, trabalhar, estudar, pesquisar, brincar, namorar, fazer amigos, bem como lesar, enganar ou caluniar pessoas e até fraudar – enfim, tudo o que antigamente só se fazia no mundo concreto.

Já pensou nisso? É assim que vivemos atualmente, em razão da evolução da tecnologia da informação, que conectou o mundo pela internet – conexão entendida como *globalização*.

Nesse contexto, vamos refletir sobre os fundamentos da Administração, a fim de que possamos desenvolver uma base sólida de conhecimentos para as demais disciplinas do curso.

Fundamentos da Administração é uma disciplina obrigatória em todos os currículos da administração e da área de negócios, porque compreende um apanhado de conhecimentos essenciais que promovem uma visão abrangente do campo de atuação do futuro profissional.

Porém, há certas questões – como: *O que o administrador administra? Administração é ciência ou arte? Qual é a concepção de* homem *nas organizações? Existem fórmulas para administrar?* – que podem ser respondidas somente quando abordadas por diversas perspectivas do conhecimento, especialmente quando observamos o caráter dinâmico do mundo globalizado.

Vincular a administração somente aos efeitos práticos e ao valor utilitário do cálculo e suas consequências não produzirá gestores humanizados e conscientes do que a gestão de negócios implica. Além disso, não formará gestores responsáveis, que compreendam a complexidade da prática administrativa.

O mundo globalizado requer administradores que gerenciem tanto processos quanto pessoas. Sendo assim, o ensino dessa ciência deve levar em conta os vários matizes do fenômeno organizacional. Nesse quadro, as organizações são entendidas como invenções humanas que podem ser melhoradas e modificadas de modo a contribuir com a sustentabilidade do planeta.

Para que isso seja possível, apontamos a necessidade dos conhecimentos científicos. Existem muitos modismos na área de gestão de negócios que levam gestores despreparados a realizarem ações decisórias danosas às instituições e seus membros, resultado de entendimentos equivocados dos estudos sobre as organizações. Outras dificuldades são o pleno desenvolvimento da inteligência emocional dos sujeitos responsáveis pela organização e a necessidade de lideranças efetivas – uma vez que as organizações necessitam de gestores centrados emocionalmente, capazes de realizar processos decisórios sustentáveis tanto para a empresa e seus colaboradores quanto para o meio ambiente.

É preciso também disseminar atitudes que influenciem o trabalho em equipe para além dos processos mecanicistas, porque somente conversa inteligente não basta. Ademais, deve-se desenvolver políticas que melhorem o ambiente de trabalho, promovendo o desenvolvimento continuado a todos os envolvidos. Os desafios atuais são cada vez mais complexos e sua administração deve ser contínua, ampliando o entendimento do fenômeno organizacional e a inteligência emocional democrática e humanista.

1

Administração como ciência

Conteúdos do capítulo

- O surgimento da administração.
- O paradigma e o conhecimento.
- O método científico.
- A administração como ciência.

Após o estudo deste capítulo, você será capaz de:

1. entender a importância da ciência na prática administrativa;
2. perceber a importância da pesquisa continuada nas organizações e a evolução desta;
3. perceber as diferenças entre método, metodologia, ciência e arte;
4. compreender por que não somos tão racionais quanto pensamos.

Nesta parte da obra, abordaremos a história da ciência ou arte da administração e a evolução do que entendemos por *negócio*, além de analisarmos termos com os quais você logo irá se familiarizar, por mais estranhos que pareçam. Em seguida, verificarmos a contribuição de algumas correntes do conhecimento vinculadas à área das organizações para, finalmente, entendermos a administração como ciência.

1.1 Surgimento da administração

Vamos recapitular os primórdios da humanidade, segundo a concepção de Barbosa e Mangabeira (1986).

No início, os primeiros humanos viviam em bandos e saíam de suas cavernas para caçar com um único objetivo: vencer a fome. A caverna era o refúgio seguro de um mundo hostil. Certa vez, um eclipse atrasou o amanhecer e esses humanos temeram – Como deixariam suas cavernas em busca de alimento se estava tão escuro? Assim que eclipse passou, o processo de sobrevivência em busca de alimentos reiniciou.

Após esse ocorrido, o conflito vivido pelo medo de morrer de fome se acaso não amanhecesse novamente fez com que um humano geneticamente mais preparado articulasse uma questão: "E se amanhã não amanhecer?". Tal questionamento o motivou a trazer um excedente de comida para a caverna e guardá-lo em um lugar seguro. No dia seguinte, ele não precisava correr riscos para buscar comida, graças ao excedente que trouxe para a caverna. Então, pôde continuar alocado, descansando, e começou a observar o mundo ao seu redor. Ficar na caverna, descobrindo novas coisas durante o seu tempo livre, era muito prazeroso. Assim, cada vez que saía para caçar, ele trazia maiores quantidades de comida, para poder ficar mais tempo isento de correr os riscos que a caçada proporcionava.

Seus companheiros observavam e, intrigados com esse comportamento, começaram a fazer a mesma coisa. Descobriram que podiam criar estoques maiores de comida, evitando, assim, que todos precisassem sair à caça, o que era altamente vantajoso para eles. As mulheres e as crianças passaram a ficar mais tempo na caverna e apenas os mais aptos se dedicavam à tarefa de conseguir alimento. Havia também quem ficasse na caverna para proteger, promover a distribuição e conservar os alimentos. Com o tempo, outros grupos de humanos passaram a fazer a mesma coisa. Os que cuidavam dos produtos logo descobriram que podiam trocá--los por outros que lhes faltavam.

Esse ócio (cuidar da caverna) proporcionou o tempo necessário tanto para que refletissem sobre as relações de troca e de poder entre os grupos, no que se refere à quantidade e à diversidade de produtos, quanto para descobrirem os fenômenos da natureza, o movimento do universo e a melhoria forma de executar as tarefas diárias. Segundo Barbosa e Mangabeira (1986), as mulheres observaram que das sementes brotavam plantas, o que lhes possibilitou cultivar os alimentos perto da caverna. A agricultura, portanto, foi inventada pelos primeiros ancestrais do homem.

Então, a negação do trabalho, que possibilitou o ócio (armazenagem dos alimentos na caverna), gerou uma nova ocupação: a troca, o escambo, o **negócio** – termo derivado do latim *negotium*, que significa a negação (*nec*) do ócio (*otium*). Para esse negócio prosperar, garantindo a sobrevivência do grupo, foi preciso administrar as várias situações diárias de produção e distribuição: quem vai à caça, quem fica na caverna, quem decide qual é o melhor jeito de caçar. De certa maneira, essas também são as decisões que as organizações atuais enfrentam para manter seus negócios.

Em busca dessas respostas, sempre com o objetivo de sobreviver mais facilmente, a humanidade se desenvolveu – em cada época, avançou em seus conhecimentos e na forma de resolver seus problemas, visando preencher suas necessidades de alimento, vestimenta, educação, lazer, poder, conhecimento e tecnologia, com o intuito de gerar riqueza e sustentabilidade.

Segundo Chiavenato (1983), em 4.000 a.C., os egípcios já se valiam do planejamento, da organização e do controle para a construção de suas pirâmides. Depois, no ano de 2.600 a.C., eles desenvolveram a logística militar, por meio da descentralização de atividades, tal como a utilizada nas organizações atuais. Constatou-se que o Código de Hamurabi, de 1.800 a.C., descrevia sistemas de controles. Nabucodonosor realizava o controle de sua produção dando incentivos salariais em 600 a.C. Em 1436, no Arsenal de Veneza, já se realizava a contabilidade dos custos de produção.

Esse autor menciona ainda que outras descobertas contribuíram para o desenvolvimento da nova economia (Chiavenato,

1983). Todavia, esse desenvolvimento não foi pacífico, uma vez que obter um conhecimento que seja aplicável de forma segura e que explique os fenômenos do mundo é tarefa complexa. Por séculos, prevaleceu entre os cientistas a ideia de que o verdadeiro conhecimento (*episteme*) consistia apenas na cópia fiel do que o observador percebia.

Seguindo o processo histórico, Chiavenato (1983) aponta que a primeira Revolução Industrial (1780 a 1860) contribuiu com a nova economia devido às invenções da máquina de fiar, do descaroçador de algodão e do tear mecânico, instrumentos que impulsionaram a produção, a qual deixou de ter um caráter artesanal para constituir-se como indústria. Com a invenção da máquina a vapor por James Watt (1736-1819), a força motriz foi aplicada às máquinas industriais e a produção aumentou, originando o que hoje se conhece por *sistema fabril*. As fábricas surgiram graças à invenção da máquina a vapor, que, adaptada aos navios e às locomotivas, também impulsionou o transporte e a distribuição de produtos. Mais tarde, as descobertas do telégrafo, do selo postal e do telefone contribuíram para o grande avanço das comunicações.

Na segunda Revolução Industrial (1860 a 1914), destacam-se os seguintes eventos: substituição do ferro pelo aço; utilização da eletricidade e do petróleo; surgimento das máquinas automáticas; transformações radicais nos transportes e nas comunicações; desenvolvimento do automóvel e dos aviões; expansão do capitalismo e da industrialização.

A era da produção em massa veio à tona entre 1920 a 1949, seguida pela era da eficiência, entre 1950 a 1988, concomitante à era da qualidade, entre 1970 a 1989. A partir de 1990, finalmente, surgiu a era da competitividade e da tecnologia.

Uma nova economia emergiu dessas eras. Hoje, vivemos um contexto econômico de constantes transformações, no qual nos defrontamos com preceitos de uma visão de mundo mecânica, da qual emerge uma economia social do conhecimento extremamente orgânica.

O paradoxo que enfrentamos é oriundo da transição entre os dois **paradigmas econômicos** explicitados no Quadro 1.1: novas tecnologias aceleraram o processo de acumulação de capital e as alterações produtivas de distribuição de riqueza, de concorrência e de formas de organização.

Para que você possa compreender a transição ocasionada pelas revoluções industriais descritas anteriormente, analise o quadro a seguir.

QUADRO 1.1 – Paradigmas da velha para a nova economia

A velha economia	A nova economia
Fronteiras nacionais limitam a competição.	As fronteiras nacionais são quase insignificantes na definição dos limites de operação e organização.
A tecnologia reforça hierarquias rígidas e limita o acesso às informações.	As mudanças tecnológicas no modo como as informações são geradas, armazenadas, utilizadas e compartilhadas as tornaram mais acessíveis.
As oportunidades de mercado se destinam a trabalhadores industriais.	As oportunidades de trabalho se destinam a trabalhadores do conhecimento.
A população é relativamente homogênea.	A população é caracterizada pela diversidade cultural.
A empresa é alienada ao seu ambiente.	A empresa aceita suas responsabilidades sociais.
A economia é conduzida por grandes corporações.	A economia é conduzida por empresas pequenas, empreendedoras.
Os consumidores adquirem aquilo que as empresas decidem fornecer-lhes.	As necessidades do cliente conduzem os negócios.

FONTE: Robbins, 2000, p. 5.

Passaremos agora à reflexão sobre os conceitos de *paradigma* e *conhecimento*.

1.2 Paradigma e conhecimento

Paradigma, segundo Kuhn (1998), é uma palavra que emerge da teoria do conhecimento e se refere a um padrão a ser seguido pela sociedade. É um tipo de conhecimento validado pelo grupo, influenciado pelas descobertas científicas de cada época. Portanto, o paradigma está vinculado ao tipo de conhecimento validado por cada sociedade.

Kuhn (1998) foi um historiador que buscou compreender por que existem, entre os cientistas sociais, tantas controvérsias a respeito dos fenômenos sociais – o que não acontece com outras áreas da ciência. Dessa busca, surgiu com importância essencial para Kuhn (1998) o conceito de *paradigma* (derivado do grego *parádeigma*, que significa "**modelo**" ou "**padrão a ser seguido**"). Trata-se de um pressuposto filosófico, uma teoria ou um conhecimento que se originou do estudo de um determinado campo científico. Além disso, os paradigmas também são considerados métodos e valores que fornecem uma referência inicial para estudos e pesquisas.

O historiador (Kuhn, 1998) observou que, com o desenvolvimento histórico da humanidade, visando fazer frente aos novos cenários sociais, afloram novos padrões, valores e crenças. Para explicá-los, surgem um novo paradigma (o qual muda as regras do anterior) e novas hipóteses (para validar os novos fatos). Enquanto ocorre essa validação, a humanidade vive um conflito, causado pela transição entre as ideias contidas em cada paradigma.

De forma mais pontual, podemos utilizar esse conceito em nosso coditiano. Por exemplo: o gestor que possui um repertório conceitual limitado tem pobreza paradigmática (Kuhn, 1998).

De acordo com Caravantes, Panno e Kloeckner (2008), **pobreza paradigmática** é quando um gestor tende a encaixar todas as questões organizacionais em um único modelo de solução, sem considerar o contexto ao seu redor. Ao contrário, quando o gestor possui **competência paradigmática**, ele consegue avaliar a aplicabilidade das várias possibilidades de abordagem, análise e solução de problemas, utilizando vários paradigmas – o que amplia a sua assertividade.

Imagine, agora, seu professor, diante da classe, mostrando o novo celular dele. Cada estudante percebe o aparelho da perspectiva em que está na sala. Um aluno da frente enxerga o visor e o teclado, outro vê a lateral, outro pode ver a parte de trás do celular. Desse modo, cada aluno, ao descrever o aparelho, o fará considerando uma perspectiva individual. O primeiro descreve o visor, a cor e o teclado; o segundo diz que é um painel com duas entradas; o terceiro afirma que o celular é um painel liso como uma lente. A questão é a seguinte: Quem está certo? Na verdade todos estão certos, porém limitados em suas percepções do aparelho.

Se cada aluno questionar por que o seu colega vê o celular do jeito que vê, estará movendo estruturas mentais e ampliando seus conceitos sobre o fenômeno – ou seja, desenvolvendo sua competência paradigmática e flexibilizando a percepção para ampliar a sua visão sobre o fenômeno em pauta. Ao considerarmos essa amplitude de posicionamentos, desenvolvemos a visão transversal, ou seja, levamos em conta várias perspectivas de conhecimento para obter uma visão adequada e abrangente dos fenômenos observados.

Se os alunos defenderem o que percebem do celular como verdade absoluta, estarão mantendo sua pobreza paradigmática e ficarão prisioneiros de um único paradigma ou ponto de vista. Devemos ter em mente que, nas organizações, existem diversos paradigmas em razão das várias perspectivas possíveis acerca dos fenômenos organizacionais.

Para Caravantes, Panho e Kloeckener (2008), o estudo dos paradigmas é fundamental, pois constituem a base da nossa cultura – formada por pressupostos e valores que consideramos realidades ou verdades. Quando alteramos e ampliamos nossas percepções e nossos conhecimentos sobre qualquer fenômeno, isso significa mudança de paradigma.

Segundo a visão aristotélica de mundo – Aristóteles foi um filósofo grego, aluno de Platão, ambos considerados fundadores da filosofia ocidental –, o universo é finito, mecânico e ordenado, tudo tem o seu lugar e os fenômenos estão ligados apenas por leis de causa e efeito (Capra, 2011).

Parmênides, outro filósofo grego, considerava impossível a transformação. Para ele, a mudança que percebemos no mundo é uma ilusão causada pelos nossos sentidos. A ideia oposta foi apregoada por Heráclito de Éfeso, que acreditava que tudo está em constante transformação.

Pode-se considerar que a civilização ocidental, fundamentada na filosofia grega, entendia como verdadeira a visão de Parmênides, enfatizando que a realidade é estável e que o verdadeiro conhecimento depende apenas da essência dos objetos físicos do universo. Dentro dessa perspectiva, ter conhecimento é igual a possuir o objeto conhecido. No exemplo anterior, ao vermos o celular sob nossa perspectiva, acreditamos que temos todo o conhecimento a respeito desse objeto. Esse tipo de comportamento fundamenta a visão mecânica de mundo, que ainda prevalece nos dias atuais – apesar de a ciência ter incontestavelmente provado que tudo se move continuamente.

Segundo Caravantes, Panno e Kloeckner (2008), o método aristotélico deu origem à *Escolástica*, escola que tentava conciliar a fé cristã ao pensamento racional em busca do conhecimento científico. Em outra linha, o matemático e filósofo René Descartes tentou criar um sistema de linguagem científica universal baseado na matemática. Esse sistema iria permitir aos indivíduos investigar e comunicar um conhecimento estável sobre a organização do cosmo.

Por sua vez, Augusto Comte e seus colegas enciclopedistas sistematizaram o que é hoje conhecido como *ciência positivista* (Caravantes, Panno e Kloeckner, 2008). Para Comte, a civilização ocidental passou por três estágios de progresso:

1. **Místico-religioso** – Os indivíduos buscam o conhecimento com ajuda das concepções místicas ou religiosas que explicam todos os fenômenos do mundo.
2. **Metafísico** – Os aspectos puramente místicos começam a dar lugar a um conhecimento mais específico dos fenômenos físicos.
3. **Ciência positivista** – Não se busca mais fundamentação em misticismos metafísicos para explicar os fenômenos físicos. Pela ciência positivista, há sempre objetividade e previsibilidade, porque os fenômenos podem ser controlados (Caravantes; Panno; Kloeckner, 2008).

Outra visão de mundo ou paradigma que promovia uma concepção de conhecimento como verdade foi desenvolvida por John Locke. Segundo Capra (2011), para Locke a mente humana é uma tábua rasa, como uma folha de papel em branco, na qual os nossos cinco sentidos projetam suas impressões do mundo dos objetos – assim, a mente é entendida como um gravador passivo das impressões dos objetos. Disso se concluía que a verdade reside no mundo externo ao indivíduo e sua mente age somente como um processador passivo.

Apesar de o paradigma da ciência positivista ter produzido muito conhecimento sobre o mundo físico, ele não conseguiu explicar o fenômeno humano, que não pode ser classificado como um objeto físico.

Desde o paradigma de Aristóteles até a ciência positivista, houve a necessidade de paradigmas alternativos para explicar a natureza do mundo físico e humano.

No século XIX, surgiu o existencialismo, desenvolvido pelo filósofo Soren Kierkegaard, que sustentava a ideia de que o homem é o único responsável em dar significado à sua vida, como também em vivê-la de modo sincero, mesmo com todos os obstáculos e alienações. Já no século XX, a teoria da relatividade, desenvolvida por Albert Einstein em 1950, derrubou os paradigmas anteriores, que pregavam uma visão mecânica do mundo e do homem.

Esses dois últimos paradigmas nos ensinam um novo conhecimento, que considera o mundo sob novas perspectivas, segundo as quais nós somos, sim, capazes de inventar soluções novas e criativas.

Para você entender melhor a administração, é necessário que compreenda de forma mais profunda como se fundamentou o conhecimento científico. Por essa razão, exploraremos com maior especificidade, na próxima seção, o desenvolvimento das principais ideias que influenciaram o estabelecimento do método científico.

1.3 Conhecimento e método científico

Para sobreviver, o ser humano não foi dotado de garras, dentes ou pernas velozes. Contudo, é dotado de algo muito poderoso e que os animais não possuem: a **capacidade de pensar** e a **consciência de si mesmo** como indivíduo social. A capacidade de pensar é a principal ferramenta do ser humano, porque por meio dela conseguimos observar diferenças, articular percepções separadamente e analisar conceitos concretos e abstratos em relação ao contexto em que nos encontramos. O uso da nossa mente depende, única e exclusivamente, da nossa **vontade** de se mover no mundo.

Pinto (1985) distingue três grandes etapas do processo de conhecimento, possivelmente o principal produto de nossa mente. A primeira é a fase das reflexões primordiais, em que a consciência está ausente. Essa fase se fundamenta em respostas aos estímulos de forças físicas – por exemplo, a gravidade. A segunda fase é a do saber, conhecida como *fase do conhecimento reflexivo*. O ser humano toma consciência de sua razão: ele sabe que sabe e que tem ainda muito a saber. Por fim, a terceira fase é a da ciência: busca-se o porquê dos fenômenos, como necessidade de saber e aprender mais sobre a origem e a ocorrência de cada fenômeno, qualquer que seja ele. Essa etapa é vista pelo autor como a fase suprema, por ser a única que possibilita a transformação da natureza.

Deve-se considerar, nesse sentido, que a ciência requer um saber metódico. Para obtê-lo, a investigação do fenômeno deve também seguir um método rígido, de modo a não deixar dúvidas sobre os resultados. Assim, o conceito de *ciência* está necessariamente vinculado ao desenvolvimento do método científico.

1.3.1 Método científico

Há vários entendimentos sobre a noção de *método*. Para Hegenberg (1976), ele é um caminho utilizado para se chegar a um resultado. Para Ferrari (1974, p. 24), "é uma forma de proceder do cientista ao longo de um percurso para alcançar um objetivo". Já conforme Bunge (1980), trata-se de um procedimento passível de ser repetido para se conseguir algum resultado, seja ele conceitual, seja material.

Contudo, conforme Richardson et al. (1999), se prestarmos atenção, parece que muitos autores misturam método com metodologia. Esclarecemos que **método** consiste em um composto de regras que atravessam um caminho para chegar a um fim. Já o termo **metodologia** vem do grego *métodos* (o caminho para chegar a um fim) mais o radical *logos* (conhecimento), significando todo o conhecimento científico existente.

Dito de outra forma: a metodologia refere-se a todas as abordagens científicas que podem ser utilizadas para estudar qualquer fenômeno de forma científica; já o método está relacionado à escolha da abordagem adequada para estudar o tema proposto. A ideia de método é antiga, pois está vinculada à história humana e à sua necessidade de compreender os fenômenos do mundo de forma inequívoca.

A origem do método científico remonta às tentativas de Demócrito e Platão de realizar uma síntese teórica da experiência adquirida, mediante a aplicação de métodos para conhecer a verdade por meio da razão.

Aristóteles (1967), por sua vez, dividiu o raciocínio em indutivo e silogístico. A indução é o processo que usamos para intuir e generalizar os conhecimentos, fazer avaliações e análises a partir do que observamos. O silogismo é uma forma de raciocínio lógico dedutivo, que parte de uma premissa geral ou maior em direção a uma premissa menor, gerando ao fim uma conclusão.

Por exemplo:

Premissa maior – Todo homem é mortal.
Premissa menor – Alfredo é homem.
Conclusão – Logo, Alfredo é mortal.

Aristóteles considerava o silogismo um modelo de rigor lógico e preciso. É importante notarmos que a dedução não traz conhecimento novo, porque a conclusão sempre se apresenta como um caso particular da lei geral. A utilidade do raciocínio da dedução é que ele organiza o conhecimento que já temos a partir de uma verdade geral já estabelecida. Ressaltamos que esse sistema era mecanicista, segundo o qual o verdadeiro conhecimento era cópia fiel do mundo físico.

O sistema de Aristóteles deu origem à escolástica – do latim *scholasticus*, que significa "aquele que pertence à escola, instruído". Era o método de pensamento crítico dominante no ensino das universidades medievais europeias entre 1100 a 1500. A escolástica nasceu nas escolas monásticas cristãs, as quais buscavam conciliar a fé cristã com o sistema de pensamento racional de Aristóteles, fundamentado na ideia de silogismo.

Com o avanço da noção de método, no século XII ocorreram descobertas importantes, principalmente na astronomia e nas ciências físicas, que pretendiam compreender o mundo. Outro importante expoente para o desenvolvimento do método científico foi René Descartes, que criou um sistema de linguagem científica universal fundamentado na matemática (Capra, 2011). Esse sistema permitiu que o homem investigasse e comunicasse um conhecimento, considerado científico, que fosse mecanicamente ordenado. A contribuição de Descartes forneceu bases para o fortalecimento da razão, pois, para ele, todo conhecimento deveria ser fundamentado rigorosamente em um princípio único e fidedigno, e toda ciência deveria ter o rigor da matemática.

1.3.2 Positivismo[1]

No século XIX, Augusto Comte sistematizou o emergente paradigma científico newtoniano-cartesiano e o denominou de *ciência positivista*. Para o positivismo, o conhecimento científico é a única forma verdadeira de conhecimento: uma teoria é correta se for comprovada por meio de métodos científicos válidos. Desse modo, não são considerados válidos os conhecimentos ligados às crenças e superstições ou a qualquer outra realidade que não possa ser comprovada cientificamente.

A ciência positivista enfatizava que as faculdades mentais prestavam ao exame, de forma meticulosa, apenas dos objetos físicos propriamente ditos. Os cientistas que utilizavam procedimentos de indução ou intuição para explicar os fenômenos do mundo eram desacreditados.

Entre outras palavras, o positivismo enfatiza a ciência e o método científico como únicas fontes de conhecimento, rivalizando com conhecimentos oriundos de outras fontes, como a religião e a metafísica. Segundo os positivistas, só tem validade o que pode ser verificado empiricamente (na prática). Ademais, a verificação tem de ser capaz de produzir resultados para além do objeto de estudo em específico, generalizando, assim, conclusões para situações similares. Por exemplo: descobre-se um remédio que comprovadamente cura determinada doença em um organismo específico; logo, esse remédio será capaz de curar todos os indivíduos com essa mesma doença.

Todavia, hoje sabemos que essa generalização pode não atingir de forma universal todos os seres humanos, pois o remédio pode provocar alergia em alguns, enquanto outros podem não tolerar o medicamento devido a seus metabolismos.

---

1 Segundo Caravantes, Panno e Kloeckner (2008) e Clegg, Kornberger e Pitsis (2011).

Esse processo meticuloso, denominado *metodologia científica*, valia-se de laboratórios na busca de generalizar, por dedução, as observações externas dos objetos. Em outras palavras, a prova científica do positivismo era a verdade que emergia daquilo que os cinco sentidos eram capazes de observar do objeto físico.

O método científico foi bem-sucedido para lidar com objetos físicos – razão pela qual, no mundo contemporâneo, a visão predominante valoriza dados empíricos, números, gráficos e estatísticas.

O paradigma positivista teve dois momentos: o primeiro enfatizava o processamento das premissas dentro da mente do estudioso; o segundo ressaltava que a verdade estava localizada nos objetos do mundo externo, em vez de serem produtos da mente humana.

Revisando

O positivismo contribuiu muito para o desenvolvimento das ciências exatas e naturais. As críticas a esse modelo se pautam em suas limitações à busca da verdade, em virtude de seu caráter idealista, que considera a história ou o contexto do fenômeno pesquisado. As preocupações desse método eram apenas relacionadas às manifestações imediatas e concretas dos fenômenos. Entretanto, no caso dos fenômenos sociais, ou seja, dos movimentos humanos no mundo das organizações e das sociedades, os modelos do positivimo não se aplicam, pois não é possível estabelecer relação entre os elementos. Por exemplo: o positivismo não responder a seguinte questão: O tipo de liderança afeta o clima organizacional?

Essa corrente filosófica não busca compreender os processos de conhecimento, mas se interessa apenas pelos resultados.

O positivismo dominou o pensamento na Europa no século XIX e se espalhou por todos os continentes. Sua principal contribuição foi demonstrar que o conhecimento somente pode ser validado se for comprovado cientificamente.

A seguir, comentaremos sobre a contribuição do estruturalismo, método de análise que busca explicar a realidade por meio de estruturas (sistema abstrato de elementos interdependentes construídos a partir da observação dos fatos). Depois, avaliaremos rapidamente a fundamentação teórica do materialismo dialético, teoria essencial para o desenvolvimento das ciências sociais.

1.3.3 Estruturalismo e materialismo dialético

Segundo Capra (2011), o estruturalismo se desenvolveu em 1916, com Ferdinand de Saussure (1857-1913), um linguista suíço que elaborou uma metodologia teórica para estudar a língua como um conjunto de elementos que se estabelecem por meio de relações formais. Essa metodologia foi incorporada às ciências sociais por seu caráter específico – uma vez que o estruturalismo é capaz de apreender fatos novos, considerando-os em sua totalidade, além de explorar as inter-relações entre as estruturas organizacionais e a cultura.

O estruturalismo forneceu uma imensa contribuição para o desenvolvimento das ciências sociais do século XX, porque ele **nega a realidade como algo singular**. Além disso, rejeita que a experiência dos cincos sentidos e o estudo dos fatos isolados possam nos levar à compreensão real do fenômeno. Todavia, apesar de suas contribuições, também recebeu críticas, em especial porque, conforme destacam Richardson et al. (1999), o estruturalismo considera que:

- as variáveis pesquisadas na sociedade não se alteram ao longo do tempo.
- o inconsciente coletivo é igual em todos os seres humanos; logo, todos temos as mesmas características de pensamento, relegando, assim, a consciência a segundo plano.
- Não somente a consciência, mas também a história fica relegada à segundo plano, empobrecendo as realidades históricas, o que simplifica os próprios modelos estruturais, nos quais são desconsiderados o indivíduo e o grupo.

A importância do estruturalismo para as ciências sociais reside justamente em sua habilidade de demonstrar como as estruturas organizacionais se articulam entre si.

Na sequência, faremos uma breve descrição do que foi o materialismo dialético.

De acordo com Marx (1989), *materialismo* significa que o mundo ao nosso redor existe independentemente de nossa consciência. Tudo ao nosso redor é constituído de matéria, o que nos dá a percepção de existência objetiva, porque podemos tocá-la e senti-la.

A **dialética** implica em discursar, debater e argumentar, considerando posições contraditórias ou falsas para refutar o absurdo – com isso, é possível superar tais contradições, de modo a obter-se a verdade. O materialimso dialético se utiliza das ideias de *tese*, um argumento que deve ser questionado; *antítese*, um argumento oposto ao da proposição apresentada; e *síntese*, a qual deve promover a fusão das duas proposições anteriores para reter as verdades de ambas.

Quando se utiliza tal método, deve-se considerar que há uma conexão universal de todos os fenômenos e objetos: nada pode existir fora dessa interconexão. Outro aspecto é que tudo está em movimento e que todo desenvolvimento está vinculado às contradições existentes nos fenômenos. O desenvolvimento é o resultado de mudanças resultantes de transformações que ocorrem em saltos de qualidade. Sendo assim, há uma contínua oposição e, graças à conexão universal, sempre existirão forças a favor e contra determinado objetivo, como a negação do velho em favor do novo, bem como o movimento provocado pelos ciclos da natureza, que sempre se renovam.

Para Pinto (1985), tal modelo considera que a análise deve ser estruturada por todos os seus ângulos e conexões. Devemos analisar exaustivamente os elementos e os processos de cada fenômeno, as causas e os motivos de sua existência e, além disso, considerar seus aspectos e conexões históricas. Ou seja, precisamos manter a consciência reflexiva crítica para sermos capazes de descobrir as conexões entre os fenômenos e analisar as partes em sua totalidade.

Portanto, o materialismo dialético é uma forma de pensamento que nos leva a agir no mundo a partir da elaboração de uma ideia (tese) e de sua aplicação (síntese), avaliando os resultados e localizando o que não foi atingido, de modo a refazer os processos com a finalidade de melhorar nossas ações e nossos resultados organizacionais (antítese). Por sua vez, a antítese torna-se uma nova tese, nova síntese e, ainda, nova antítese, e assim sucessivamente, promovendo a melhoria contínua.

1.4 Método científico nas ciências sociais aplicadas

Para Richardson et al. (1999, p. 29),

> as ciências sociais fracassaram porque se dedicaram a seguir um fantasma que resultou da transferência acrítica da metodologia das ciências físicas e naturais ao fenômeno humano.

Até o início dos anos 60, a quase totalidade dos pesquisadores de nossos países seguiam as orientações funcionalistas e positivistas da escola norte-americana.

Aprendia-se que somente a ordem levava ao progresso, que o pesquisador tinha de manter a neutralidade e que a generalização quantitativa dos resultados e a estatística eram os únicos instrumentos confiáveis de análise das informações.

Isso mudou na segunda metade da década de 1960 e se consolidou na década de 1980, considerando que, para o trato científico dos fenômenos das ciências sociais aplicadas, devemos levar em conta outros procedimentos, sem deixar de sermos científicos.

Demo (1995) e Richardson et al. (1999) sintetizaram os pressupostos que devem orientar os estudos dos fenômenos organizacionais e humanos:

- O objeto em ciências sociais é o **ser humano**, um ser racional e muito mais complexo do que qualquer outro sistema físico.
- O indivíduo, como objeto de estudo, tem uma **história** (é um ser histórico) e está em **constante mudança**, evolução e transição. Por isso, a pesquisa deve se pautar no contexto e no momento histórico. O ser humano **não é**, mas **está** em constante processo de "**vir a ser**" (em construção).
- O indivíduo é dotado de **consciência histórica**, por isso existe uma identidade entre o pesquisador e o pesquisado.
- A **ideologia** perpassa a natureza humana. Constitui-se de seus valores, julgamentos e preferências.
- Existe **relação entre teoria e prática**. O ser humano exercita a teoria em sua práxis diária.

A investigação dos fenômenos sociais, cujo objeto de estudo é o ser humano, é um produto humano, e o ser humano é falível. Fundamentados nessa ideia, afirmamos no início que nenhum estudo organizacional cria sozinho o campo da ciência em questão nem explica a totalidade ou a realidade das organizações. Esses estudos são trabalhos desenvolvidos por homens práticos, com o objetivo de resolver problemas nas organizações, locais onde buscamos a nossa sobrevivência.

> Não devemos utilizar o termo *ciência* de qualquer maneira. O termo *ciência pura* implica que o pesquisador apenas deseja descrever um fenômeno. A utilização desse conhecimento para mover resultados no mundo é denominada *ciência aplicada*.

Caravantes, Panno e Kloeckner (2008) argumentam que futuros administradores devem compreender que a administração está evoluindo como uma ciência social aplicada. Sua função é investigar de forma sistemática os fenômenos, de modo a explicar como as relações dos indivíduos com a sociedade e com as organizações afetam a nossa existência. Todas as ciências admitem que certas regularidades na vida social podem ser observadas, medidas, previstas e até controladas. Nos dias atuais, fazer ciência vincula-se mais à atitude do pesquisador do que à utilização de um método. Espera-se que ele suspenda suas crenças e convições até que os resultados surjam, para que não haja interferências nas conclusões do estudo (Caravantes; Panno; Kloeckner, 2008).

Portanto, fazer ciência requer uma **mentalidade científica**, para que possamos entender e gerenciar os fenômenos organizacionais fundamentados em argumentos e estudos efetivos, evitando "achismos" ou provérbios infundados, apenas porque foram embasados na vivência de alguém, o que poderia sugerir que a ideia serviria para todos os casos.

Por isso a necessidade de compreender o conceito de *teoria*, ou seja, uma ideia essencial para a prática assertiva, capaz de promover resultados conectados com o mundo real. Uma **teoria** é uma rede de conhecimentos que promove a interconexão entre os conceitos e as informações existentes, integrando-os com a realidade percebida por cada ser humano.

Dito de outra maneira, teoria é um relato sobre como algo funciona, relacionado a um fenômeno qualquer. Por exemplo: O que afeta o comportamento das pessoas no trabalho? Para responder a essa pergunta, muitos estudiosos fazem pesquisas com o intuito de formar uma teoria que a explique e, com isso, promover ações administrativas capazes de manter o sucesso organizacional.

O termo **prática**, por sua vez, está muito presente na área de negócios e pode ser entendido como *ação*, ou seja, um modo de fazer determinada coisa. Nas organizações, a prática deve ser realizada pelo melhor caminho e com o menor custo. *Prática* é tudo o que os administradores fazem nas organizações subsidiados por uma teoria que dá sentido ao fazer.

A prática da teoria nas organizações vai depender do sentido que cada administrador dá aos seus *stakeholders* (colaboradores, acionistas, clientes, fornecedores e governantes), que podem ser nacionais ou internacionais, dependendo do âmbito de atuação. A prática também depende de outras variáveis, tais como: máquinas e equipamentos, computadores, modelos de gestão, relações interpessoais, tarefas complexas e rotineiras, bem como padrões de trabalho desenvolvidos pelos primeiros homens que buscaram resolver os problemas organizacionais de forma coletiva.

> **Importante!**
>
> O que encontramos nos livros de administração são teorias ou concepções de como fazer o trabalho em um contexto prático. Nessas teorias estão registrados os resultados, os acertos, as dúvidas, os fracassos e os sucessos da prática.

Caravantes, Panno e Kloeckner (2008) apresentam as duas abordagens mentais que utilizamos para buscar o conhecimento científico com a finalidade de compreender o fenômeno organizacional, conforme podemos observar no Quadro 1.2.

QUADRO 1.2 – Diferenças das abordagens indutiva e dedutiva

Abordagem indutiva	Abordagem dedutiva
Inicia-se com a análise de observações específicas. Depois, generaliza-se para contextos mais amplos.	Inicia-se com rede de relações (*network*) interconectadas, buscando conclusões específicas sobre o fenômeno.

FONTE: Adaptado de Caravantes; Panno; Kloeckner, 2008.

Utilizamos essas duas abordagens para compreender o mundo das organizações. Pela abordagem indutiva, podemos, por uma observação, generalizar para todas as demais. Por exemplo: um funcionário chega atrasado todo dia, com isso, posso generalizar que os demais funcionários podem também um dia se atrasar. Já pela abordagem dedutiva, podemos proceder a um determinado raciocínio. Por exemplo: como muitas pessoas se conectam à internet, deduzo que todas as pessoas a utilizam. Podemos utilizar as duas abordagens de forma correta ou incorreta. Nos exemplos mencionados, o primeiro é um raciocínio correto, o segundo, não – nem todas as pessoas estão conectadas à internet.

É importante compreendermos que, dependendo do contexto, é possível utilizar as duas formas de pensar, seja partindo do particular para o geral, seja do geral para o particular. Devemos ter consciência dessas questões em nosso cotidiano, já que ambas as abordagens são válidas e se articulam.

> Não existe separação entre teoria e prática, uma vez que elas estão sempre conectadas.

Outro ponto a que devemos nos atentar é que não existe uma ciência melhor. Em outras palavras, não existe uma ciência em particular, pois todas elas estão conectadas e contribuem para o desenvolvimento humano, cada uma enfocando o seu objeto de análise. Bazarian (1988) explica que as ciências estão divididas da seguinte forma:

- **Ciência pura** – Desenvolvimento de teorias ou o conhecimento sobre a natureza sem finalidades necessariamente práticas. Exemplo: física dos materiais.
- **Ciência natural** – Estudo da natureza ou do mundo natural. Exemplos: biologia, geologia e química, áreas para as quais os objetos de análise são elementos da natureza.
- **Ciência social** – Estudo do comportamento humano em sociedade. Exemplos: história, sociologia, antropologia e ciências políticas, cujos objetos de análise são os seres humanos.
- **Ciências biológicas** – Estudo do ser humano e dos fenômenos da natureza. Exemplos: medicina e odontologia, áreas que têm como objetos de análise os corpos humanos.

- **Ciências exatas** – Análise de expressões quantitativas. Têm origem na física. Exemplos: física, matemática e computação, cujos objetos de estudo são os números.
- **Ciências humanas** – Estudo social e comportamental do ser humano. Exemplo: direito, filosofia e letras, cujos objetos de análise são os comportamentos dos seres humanos.

1.5 Administração como ciência

É nas ciências sociais aplicadas que se localiza a disciplina de **Administração**, que estuda os seres humanos e o seu comportamento nas organizações. Por isso, muitos pesquisadores apontam a inegável contribuição e o suporte de outras áreas – como a antropologia, a sociologia, a história, a ciências políticas, a filosofia, a psicologia e a economia – para a compreensão das organizações e do comportamento dos indivíduos nelas inseridos. Essas ciências descobriram que o ser humano abrange uma infinita gama de possibilidades e que, sendo assim, ele ser analisado pela lógica mecanicista de uma máquina (visão linear ou mecanicista de mundo) não justificava a maioria de seus comportamentos emocionais e decisórios no âmbito das organizações nem o seu complexo movimento no mundo.

Atualmente, vivemos um dilema: Como se posicionar no mundo, levando em conta sua complexidade? Essa questão está vinculada ao entendimento e à significação das coisas que experimentamos, ou seja, à lógica de que nos valemos para entender o mundo.

O Quadro 1.3 explicita esse embate.

Quadro 1.3 – Diferenças entre a lógica linear e a complexidade

Tema	Lógica linear	Lógica da complexidade
Entendimento do mundo	Sistema ou/ou, certo ou errado, branco ou preto. Não há transacionalidade entre os extremos.	Evita o radicalismo. Possibilita a transacionalidade entre os extremos. Existe contínua interação entre opostos.
Foco	**Racionalizar** – a realidade deve ser enquadrada ao modelo de pensamento reducionista e fragmentado.	**Racionalidade** – articula a síntese das contradições e a possibilidade de conviver com os contrários.
Caminho do meio (Aristóteles, Buda)	Ambas são importantes e se complementam, devendo ser articuladas de forma integrada.	

Fonte: Adaptado de Mariotti, 1999.

Dentro dessas duas lógicas, o conceito de *racionalidade limitada*, elaborado por Herbert Alexander Simon (1916-2001) na década de 1950, se refere à a busca por uma solução satisfatória (em vez de ótima) nos processos decisórios, já que o comportamento decisório se desvia da racionalidade em situações nas quais os tomadores de decisão, em geral, decidem com base em informações restritas (Simon, 1965). Por isso, o processo decisório é feito sempre de forma limitada: os gestores tentam se comportar racionalmente, entretanto, estão limitados pela falta de habilidade intrínseca de qualquer indivíduo de receber, reter, utilizar, recuperar e processar todas as informações ao seu redor (Simon, 1965). Entre outras palavras, o indivíduo **tenta** decidir de forma racional, porém, em função de suas limitações cognitivas e humanas, **não consegue** chegar à melhor alternativa, então opta por uma que seja suficientemente satisfatória.

Entender as pessoas, nesse processo, é essencial – uma vez que compreender o comportamento humano pode conduzir os gestores à decisão mais acertada.

Morgan (2006) analisa as organizações utilizando metáforas para explicar os comportamentos das pessoas em seus ambientes. Ele as classifica em oito metáforas: máquinas, organismos vivos, cérebros, culturas, sistemas políticos, prisões psíquicas, fluxos de transformação e instrumentos de dominação. Essa figura de linguagem é muito utilizada na administração moderna

Conforme mencionamos, ao desenvolverem métodos para administrar pela lógica linear ou pela lógica da complexidade, os administradores correm o risco de tomar decisões que são, em sua maioria, apenas suficientes ou satisfatórias. Isso porque os planejamentos formais muitas vezes não são executados a contento. O melhor caminho, então, é a integração das duas lógicas na ação do administrador.

Os administradores também devem compreender a diferença de expressões muitos importantes para seu argumento administrativo, como: *dados, informação, conhecimento* e *sabedoria*. Os verbos *planejar, organizar, dirigir* e *controlar* (PODC) foram elencados como as principais funções do administrador – decisões pontuadas por essas práticas tendem a ser mais assertivas.

É fundamental ainda compreender os elementos do conhecimento, porque a partir disso emerge a noção de como foram significativas as descobertas realizadas pelos pesquisadores. O Quadro 1.4 explica as diferenças entre os elementos do conhecimento.

Quadro 1.4 – Diferenças entre dado, informação, conhecimento e sabedoria

Item	Evento
Dado	Conjunto de fatos objetivos relativos a eventos.
Informação	Dados dotados de relevância e significado para o usuário. Ocorre quando os dados são contextualizados, categorizados, calculados, corrigidos e condensados.
Conhecimento	Mistura fluida de experiência condensada, valores, informações contextuais e *insight* experimentado, a qual proporciona estrutura para avaliação e incorporação de novas experiências e informações. Pode ser tanto produto quanto processo – ocorre por meio de comparação, consequências, conexões e conversação. O conhecimento comporta: • experiência – o que aconteceu com as pessoas; • verdade – conhecimento do que efetivamente aconteceu; • complexidade – habilidade para lidar com situações mais complexas; • discernimento – avaliação das situações considerando o contexto; • normas práticas – guias de ações já realizadas; • intuição – forma de conhecimento instantâneo e assertivo; • valores e crenças – como as pessoas veem o mundo. Os conhecimentos geram o resultado.
Sabedoria	É o *insight* assertivo. Faz as pessoas acertarem o alvo e melhorarem a dinâmica do coletivo.

Fonte: Elaborado com base em Davenport; Prusak, 1998; Capra, 1984.

Um dado se transforma em informação quando cria significado para seu usuário. A informação se transforma em conhecimento quando pode gerar um resultado relevante, capaz de contribuir com a sociedade. Você pôde observar no Quadro 1.4 como é dinâmico o conceito de *conhecimento*. Ele engloba muitas variáveis concretas e intangíveis (intuição, valores, crenças), por isso, pode ser tanto produto quanto processo.

Lembre-se que o conhecimento envolve experiência condensada. Por isso, para adquirir conhecimento, é necessário ir além da teoria: deve-se praticar, refletir e avaliar a prática de forma continuada.

Vivemos na era do instantâneo. A velocidade com que as mundanças ocorrem é cada vez maior e todos sabemos e percebemos isso. O melhor método ou metodologia a serem utilizados nas organizações deve perpassar todas essas variáveis de termos e conhecimentos que o administrador deve compreender, para que seja capaz de desenvolver novas habilidades e competências exigidas por esse contexto tão dinâmico, o qual requer posturas que vão muito além do simples cumprimento de regras.

A mente de um administrador do século XXI deve ser logística, capaz de integrar vários conhecimentos de outras áreas em um agir fundamentado em ciência, e não em "achismos", provérbios, modismos ou modelos mecânicos. Essa ação deve ser articulada com as ferramentas da tecnologia da informação de forma humanizada – pois somente humanizaremos as organizações se os gestores forem também humanizados, para que todo o empenho e a tecnologia sirvam para garantir qualidade de vida para as gerações futuras.

Portanto, o administrador atual é um trabalhador do conhecimento que precisa dominar certas habilidades e competências para desenvolver metodologias de ação. Tendo isso em vista, podemos finalizar as reflexões sobre a administração como ciência.

Mas, afinal, administração é ciência ou arte? Essa questão ainda gera debates, pois é um campo novo, estruturado apenas na metade do século XX, localizado dentro da área das ciências sociais aplicadas. Cada ciência tem o seu objeto de estudo, como anteriormente demonstramos. Ainda assim, existe o dilema da administração como ciência ou arte.

Síntese

Neste capítulo, vimos que o homem caçava para se alimentar e que a negação do trabalho fez com que ele descobrisse como negociar o excedente desses alimentos por meio do escambo. Tratamos também da importância da pesquisa e do conhecimento de outras disciplinas para o fortalecimento da administração. Apresentamos o conceito de *pobreza paradigmática*, isto é, quando um gestor tende a encaixar todas as questões organizacionais em um único modelo de solução, sem considerar o contexto ao seu redor.

Depois, deparamo-nos com conceitos relevantes à ciência, como a diferença entre *método* e *metodologia*: aquele é um composto de regras que atravessa um caminho para chegar a um fim, enquanto esta envolve todo o conhecimento científico existente. Outro conceito importante é o de *paradigma*, que se refere a um padrão a ser seguido pela sociedade, ou seja, um tipo de conhecimento validado pelo grupo, influenciado pelas descobertas científicas de cada época – logo, está vinculado ao tipo de conhecimento validado por cada sociedade.

O paradigma da ciência positivista perdurou por muito tempo. Porém, apesar de ter produzido muito conhecimento sobre o mundo físico, não conseguiu explicar o fenômeno humano, que não pode ser classificado como um objeto físico.

No contexto das organizações, segundo Drucker (1998), os administradores eficazes não tomam muitas decisões: eles se concentram no que é importante e buscam as variáveis constantes em cada situação, definindo o que é estratégico e o que é genérico. Eles querem impacto, não técnica; querem ser seguros, não espertos. Tais decisões são compreendidas como base na racionalidade limitada. Isso significa que os gestores, em um processo decisório, tentam se comportar racionalmente, entretanto, estão limitados em suas escolhas decisórias pela falta de habilidade do indivíduo de receber, reter, utilizar, recuperar e processar as informações. Portanto, o indivíduo busca decidir de forma racional, porém, em função de suas limitações cognitivas e humanas, não consegue escolher a melhor alternativa – resta-lhe, assim, optar por uma que seja suficientemente satisfatória.

A administração é ciência, nos processos, e arte, no sentido do desenvolvimento de habilidades capazes de gerenciar os processos técnicos. Administrar é a arte de conseguir que os processos organizacionais sejam executados por meio das pessoas com resultados satisfatórios. O caminho até esse fim tem origem na vontade humana de realizar bem o seu trabalho. Portanto, um dado é um evento que se transforma em informação quando o usuário entende sua utilidade. A informação, por sua vez, transforma-se em conhecimento, quando gera um resultado, e em sabedoria, quando as pessoas acertam o alvo e conseguem melhorar a dinâmica do coletivo.

Questões para revisão

1. Explique como a negação do trabalho gerou o negócio.

2. Assinale a alternativa **incorreta**, considerando os estudos sobre paradigmas e conhecimento:
   a) Pobreza paradigmática é quando um gestor tende a encaixar todas as questões organizacionais em um único modelo de solução, sem considerar o contexto ao seu redor.
   b) O paradigma da ciência positivista produziu muito conhecimento sobre o mundo físico e conseguiu explicar o fenômeno humano ao classificá-lo como um objeto físico.
   c) O uso da nossa mente depende, única e exclusivamente, da nossa vontade de se mover no mundo.
   d) O método é um composto de regras segundo o qual se atravessa um caminho para se chegar a um fim. Metodologia é todo o conhecimento científico existente.
   e) O método científico positivista foi bem-sucedido para lidar com o mundo dos objetos físicos.

3. Explique por que os gestores atuais têm dificuldades para tomar decisões ótimas.

4. Indique a alternativa correta:
   a) A administração é ciência quando possui um corpo teórico próprio, de modo a prever os resultados.
   b) A administração é ciência, e não arte.
   c) A administração é considerada a arte de tomar decisões ótimas.
   d) A administração é arte quando consegue resultados concretos.
   e) As alternativas a e d estão corretas.

5. Indique a alternativa correta:
   a) Dados são conjuntos de fatos objetivos relativos a eventos.
   b) Um dado vira informação quando o usuário descobre sua relevância e significado.
   c) É por meio do conhecimento que as pessoas acertam o alvo e podem melhorar a dinâmica do coletivo.
   d) As alternativas a e b estão corretas.
   e) As alternativas b e c estão corretas.

Questão para reflexão

Assista ao vídeo a seguir e observe o que você considera como arte e como ciência. Comente com seus amigos, responda e justifique porque considera a administração como ciência ou arte.

SANTOS, A. **Primórdios da administração**: ciência × arte. Disponível em: <https://www.youtube.com/watch?v=Uz4qe7G2Nyg>. Acesso em: 23 jun. 2014.

Para saber mais

Para aprofundar seu conhecimento sobre esse tema, leia o artigo indicado a seguir.

MATTOS, P. L. C. L. "Administração é ciência ou arte?" O que podemos aprender com este mal-entendido? **Revista de Administração de Empresas**, São Paulo, v. 49, n. 3, p. 349-360, jul./set. 2009. Disponível em: <http://rae.fgv.br/sites/rae.fgv.br/files/artigos/10.1590_S0034-75902009000300009.pdf>. Acesso em: 23 jul. 2014.

2

A profissão
de administrador

Conteúdos do capítulo

- A história da profissão de administrador no Brasil.
- As funções do administrador.
- As habilidades e competências do administrador.
- Os símbolos da profissão de administrador.
- As organizações.

Após o estudo deste capítulo, você será capaz de:

1. entender a importância da profissão de administrador;
2. analisar a amplitude da atuação desse profissional nas organizações;
3. compreender os conceitos básicos sobre legislação da profissão de administrador.

Neste capítulo, vamos estudar a profissão de administrador. Para isso, vamos discorrer sobre a história, as funções, as habilidades e as competências desse profissional, bem como sobre o símbolo da profissão. Por fim, analisaremos o que são *organizações*.

2.1 História da profissão de administrador no Brasil

Segundo o *site* do Conselho Regional de Administração (CRA), a profissão de administrador no Brasil é relativamente nova, se comparada aos Estados Unidos da América (EUA) – onde os primeiros cursos se iniciaram em 1881, com a criação da Wharton School (CRA-BA, 2014). No Brasil, o ensino de administração se iniciou em 1952, época em que os EUA já formavam cerca de 50 mil bacharéis, 4 mil mestres e 100 doutores na área por ano (CRA-BA, 2014).

Na década de 1940, a necessidade de formar administradores no Brasil começou a ganhar destaque por conta da necessidade de mão de obra qualificada e da decorrente profissionalização do ensino de administração, com a finalidade de dar suporte a questões econômicas e administrativas, pois o Brasil passava de nação agrária para industrializada (CRA-BA, 2014).

Em 1945, surgiram as primeiras ações para a implantação do ensino universitário na área de negócios. Gustavo Capanema, então Ministro da Educação e da Saúde, encaminhou à Presidência da República um documento propondo a criação dos cursos universitários de Ciências Contábeis e Ciências Econômicas, o que diversificou a qualificação de profissionais, pois, até então, formavam-se, no país, basicamente engenheiros, médicos e advogados (CRA-BA, 2014).

A criação da Fundação Getulio Vargas (FGV) e da Faculdade de Economia e Administração da Universidade de São Paulo (USP) marcaram o ensino e as pesquisas relacionados a temas econômicos e administrativos no Brasil (CRA-BA, 2014). Já em 1948, representantes da FGV "visitaram vinte e cinco Universidades americanas que mantinham cursos de Administração Pública, com o intuito de conhecer diferentes formas de organização, visando à criação de uma escola voltada ao treinamento de especialistas em Administração Pública" (CRA-BA, 2014).

Como resultado dessa relação, foi criada, em 1952 – com o apoio das Organizações das Nações Unidas (ONU) e Organização das Nações Unidas para a Educação, a Ciência e a Cultura (Unesco) –, a Escola de Administração Pública (Ebap) pela FGV, o que possibilitou o desenvolvimento da Escola de Administração de Empresas de São Paulo (Eaesp) em 1954 (CRA-BA, 2014).

Como não havia professores administradores no Brasil, foi criada a **Missão Americana**: professores da Michigan State University contribuíram para a consolidação da escola de administração aqui no Brasil. Em contrapartida, a FGV enviou docentes para estudos de pós-graduação nos EUA, com o intuito de preencher os quadros do corpo docente da Eaesp. Com essa instituição, surgiu o primeiro currículo especializado em administração, o qual influenciou os demais cursos superiores no país (CRA-BA, 2014).

A profissão do administrador foi regulamentada pela Lei n. 4.769, de 9 de setembro de 1965 (CRA-BA, 2014).

Na sequência, vamos discorrer sobre as funções do administrador.

2.2 As funções do administrador

Henri Fayol (1841-1925) foi o primeiro teórico a definir as funções básicas do administrador: planejar, organizar, controlar, coordenar e comandar. Por meio das contribuições da abordagem neoclássica da administração, cujo maior representante foi Peter Drucker, os princípios foram retrabalhados e ficaram conhecidos como *planejar, organizar, dirigir e controlar* (*PODC*) (Camargo, 2009).

Caravantes, Panno e Kloeckner (2008) explicam que o **planejamento** consiste em decidir para onde a organização deseja ir no futuro, sendo realizado por meio da formatação de metas, desempenho, tarefas e recursos necessários para alcançar o objetivo proposto. A falta de planejamento deixa a organização à deriva, aumentando sua chance de mortalidade. Segundo o *site* do Serviço Brasileiro de Apoio às Micro e Pequenas Empresas – Sebrae (2014), 90% das empresas fecham no primeiro ano de vida.

A **organização** é a sequência do planejamento. Refere-se ao modo como a instituição estabelece seus meios (humanos, tecnológicos e físicos) e à maneira como suas tarefas são distribuídas para atingir os objetivos planejados. A organização é aspecto essencial para o sucesso de um empreendimento (Caravantes; Panno; Kloeckner, 2008). A empresa brasileira Semco é um exemplo de organização burocrática e autoritária que se transformou em uma organização baseada na confiança sob a direção de Roberto Semler, que estabeleceu um jeito brasileiro de administrar, o que facilitou o desenvolvimento de sua empresa (Semler, 2002).

A **direção** (liderança) é o uso da influência ou do poder pessoal do administrador com o intuito de alcançar os objetivos desejados, sempre por meio das pessoas (Caravantes; Panno; Kloeckner, 2008). É o ato de mover necessidades, desejos e interesses com a finalidade de estabelecer laços de comprometimento que possibilitem aos colaboradores trabalhar como uma equipe, formatando, assim, uma cultura de valores e resultados compartilhados.

Quando ocupamos um cargo em que temos o **poder de autoridade** de mandar subordinados cumprirem determinadas tarefas – ou seja, quando ocupamos cargos de chefia –, é nossa responsabilidade comandar os outros a fazerem as atividades vitais de uma organização. Se os membros vão realizar o que foi comandado pelo ocupante do cargo, esse fato envolve outro tipo de poder, que é o de influência ou de liderança vinculado aos conhecimentos, habilidades, atitudes e profissionalismo desse gestor.

Finalmente, o **controle** é o monitoramento e a avaliação de resultados, normalmente por meio das tecnologias de informação, tanto com o intuito de guardar dados quanto a fim de resgatá-los em tempo real para a tomada de certas decisões. *Controlar* significa monitorar diariamente o desempenho das pessoas e, por consequência, da organização como um todo – ou seja, é avaliar o desempenho de todos os processos em todas as áreas da organização e estabelecer, por meio de tais informações, futuros padrões de desempenho, antecipando-se aos problemas com o intuito de prevenir-se, antes que eles que aconteçam.

> **Peter Ferdinand Drucker (1909-2005)**
>
> Filósofo e economista de origem austríaca, considerado o *pai da administração moderna*, é o mais reconhecido entre os pensadores que se debruçaram sobre os efeitos da globalização na economia e nas organizações. Sua obra é extremamente abrangente, visto que expõe pontualmente o que os administradores fazem, pensam e enfrentam.

Drucker (1998) menciona em seu livro *A profissão do administrador* que uma das funções mais importantes desse profissional é assumir o papel de educador. O administrador-educador deve desenvolver sua responsabilidade moral, para que seja possível definir os objetivos, organizar os meios, motivar, comunicar e avaliar os resultados da melhor forma, bem como ser capaz de **desenvolver pessoas** (Drucker, 1998).

Segundo o autor, um **administrador eficaz** (aquele que usa os recursos de forma econômica para o alcance dos objetivos) deve:

- administrar visualizando metas;
- assumir riscos maiores por maior tempo;
- tomar decisões estratégicas;
- desenvolver uma equipe comprometida com os resultados e apta para avaliá-los;

- desenvolver habilidades de comunicação assertiva, clara e ágil;
- enxergar a totalidade organizacional e relacioná-la com o contexto em que está inserida (Drucker, 1998).

Para alcançar esses objetivos, Drucker (1998) recomenda cinco práticas que o administrador deve desenvolver a fim de se tornar um gestor eficaz:

1. Gerenciar o tempo, porque ele é um recurso irrecuperável.
2. Contribuir de maneira efetiva para a melhoria do desempenho da organização.
3. Conhecer os pontos fracos e fortes da organização, bem como tornar mais produtivos os pontos fortes.
4. Concentrar os esforços em atividades essenciais que possibilitem melhores resultados.
5. Tomar decisões eficazes, ainda que toda decisão seja um julgamento de risco, devido à racionalidade limitada. As decisões devem ser tomadas de forma a diminuir os riscos e aumentar a assertividade.

No entanto, demanda-se do administrador inúmeros outros requisitos, afinal, administrar ou gerenciar uma organização exige muitos conhecimentos – tanto dos processos de trabalho quanto das habilidades do profissional.

Destacamos que, para Drucker (1998), administrar é gerenciar seres humanos. Nesse sentido, a tarefa do administrador é conseguir que os indivíduos desempenhem seu trabalho em conjunto, de forma que suas fraquezas se tornem irrelevantes se comparadas à força da união dos talentos presentes nas pessoas, e não nos processos.

Como o administrador tem como principal função capacitar as pessoas a desempenhar suas tarefas em conjunto, o maior desafio desse profissional é criar uma ligação dos trabalhadores com a cultura, a história e a tradição da empresa.

A seguir, listamos o que Drucker (1998) entende por *atribuições de um administrador*:

- Possibilitar que a organização e cada um de seus integrantes cresçam e se desenvolvam à medida que suas necessidades e oportunidades se transformem. Isso implica demanda contínua de treinamento em todos os níveis.
- Gerir com base em uma comunicação assertiva, uma vez que todos os integrantes de uma organização têm qualificações, conhecimentos e habilidades distintos.
- Promover diversas medidas para avaliar a saúde e o desempenho das organizações, a fim de que eles possam ser continuamente melhorados, pois o que determina o desempenho dos administradores gestores não é o lucro. Isso porque a posição no mercado, a inovação, a produtividade, o desenvolvimento pessoal, o treinamento, os resultados financeiros e a qualidade são aspectos igualmente importantes para a sobrevivência organizacional.
- Finalmente, é imprescindível saber que não se produzem resultados por meio do discurso. O resultado de uma empresa se mede pela **satisfação do cliente**.

Compreendemos, assim, que as funções do administrador extrapolam o PODC, pois, como administrar é lidar com seres humanos, a tarefa do administrador é capacitá-los para que atuem em conjunto, com a finalidade de contribuir para o sucesso organizacional, maximizando os potenciais e dirimindo as fraquezas.

2.3 Os símbolos da profissão de administrador

Em 1979, o Conselho Federal de Administração (CFA) promoveu um concurso nacional para a escolha do símbolo da profissão (CFA, 2014b). Foram enviadas 309 sugestões, oriundas de vários estados do Brasil. O símbolo escolhido é apresentado no quadro a seguir.

Quadro 2.1 – Símbolo da profissão de administrador

(quadro)	O quadro como ponto de partida: uma forma básica, pura, na qual o processo de tensão de linhas é recíproco. Sendo assim, os limites verticais/horizontais entram em processo recíproco de tensão. O quadro significa regularidade, possui sentido estático quando apoiado em seu lado e sentido dinâmico quando apoiado em seu vértice (a posição escolhida).
(setas laterais)	Uma justificativa para a profissão, que possui também certos limites em seus objetivos: organizar, dispor para funcionar, reunir, centralizar, orientar, direcionar, coordenar, arbitrar, relatar, planejar, dirigir, encaminhar os diferentes aspectos de uma questão para um objetivo comum.
(ampulheta)	As flechas indicam um caminho, uma meta, a partir de uma premissa, de um princípio de ação (o centro). As flechas centrais se dirigem para um objetivo comum, baseado na regularidade. As laterais representam as metas a serem atingidas.

(continua)

(Quadro 2.1 – conclusão)

[símbolo]	Este é o símbolo final.

FONTE: Elaborado com base em CFA, 2014c.

Além do símbolo, existe o anel do administrador. Sua pedra é a safira azul-escura, que corresponde às atividades criadoras, por meio das quais os seres humanos demonstram suas capacidades de realização.

Além disso, todo administrador, ao se formar, deve realizar um juramento.

> **Juramento do administrador**
>
> "Prometo DIGNIFICAR minha profissão, consciente de minhas responsabilidades legais, observar o código de ética, objetivando o aperfeiçoamento da ciência da administração, o desenvolvimento das instituições e a grandeza do homem e da pátria".

FONTE: CFA, 2014b, grifo do original.

2.4 Habilidades e competências do administrador

Devemos sempre lembrar que vivemos em um mundo conectado. Transitamos do real para o virtual com a maior naturalidade, pois vivenciamos a evolução da tecnologia da informação. A lógica da complexidade interfere cada vez mais em nosso cotidiano e a noção de tempo é **aqui** e **agora**.

Esse contexto exige que desenvolvamos continuamente novas *habilidades* e *competências*. Apesar dessas palavras serem muito utilizadas, nem sempre as compreendemos em toda a sua abrangência. Por isso, a partir deste momento vamos trabalhar esses conceitos, de modo a esclarecer sua importância.

O desenvolvimento de habilidades e competências está diretamente relacionado com o processo de percepção do mundo – o que é fundamental para nos tornarmos melhores gestores.

Interpretamos o mundo baseados em nossos conhecimentos, nossas crenças e experiências.

Como os fenômenos do mundo são complexos, para compreendê-los necessitamos ampliar a nossa percepção por meio do desenvolvimento de nossas habilidades e competências.

Você pode desenvolvê-las diariamente colocando em prática os conhecimentos teóricos.

Segundo Robbins (2000), os seres humanos agem conforme a maneira como percebem o mundo, não como o mundo realmente é. Isso acontece porque uma série de fatores distorce a percepção do que seria uma realidade inequívoca, levando os indivíduos a tomarem decisões equivocadas.

Vamos compreender o que significa *percepção* e quais equívocos estão implicados em seus processos. Para isso, confira o Quadro 2.2.

A percepção "é um processo pelo qual os indivíduos organizam e interpretam suas impressões sensoriais para dar mais significado ao ambiente" (Robbins, 2000, p. 319).

Quadro 2.2 – Equívocos de percepção

Equívocos	Definição	Exemplo
Atribuição fundamental	Quando subestimamos a influência de fatores externos e superestimamos os internos ao avaliar os comportamentos dos outros.	Quando um gerente atribui a queda da produção à preguiça dos colaboradores, ao invés de atribuí-la à dificuldade de manuseio do novo equipamento.
Autopromoção	Atribuímos nossos sucessos pessoais a fatores internos e, ao mesmo tempo, culpamos os outros pelo nosso fracasso.	"Eu tirei nota dez na prova porque sou um excelente aluno". "Minha nota foi quatro por culpa do professor."
Seletividade	Avaliamos uma situação selecionando apenas uma parte do todo.	A seleção dessa parte está vinculada àquilo que atende apenas a interesses particulares.
Suposição de similaridade	Acreditamos que os outros são semelhantes a nós.	"Gosto de assumir desafios, então todos os outros também gostam." Na maioria das vezes essa suposição é falsa.
Estereotipagem	Julgamos o outro com base na percepção que temos do grupo ao qual pertencemos – ideia desenvolvida pelo psicólogo americano Edward Lee Thorndike (1874-1949) em 1920.	A ideia de que colaboradores casados pedem menos demissão.

(continua)

(Quadro 2.2 – conclusão)

Equívocos	Definição	Exemplo
Efeito aura	Avaliamos o outro com base em uma única característica.	"Ele me lembra alguém de quem gosto muito. Então, ele é ótimo!" "O chefe se parece com uma pessoa que, no passado, me maltratou. Então não gosto dele e vou boicotar tudo que ele me pedir".
Efeito pigmaleão ou profecia autorrealizadora	Ideia concebida por Merton (1910-2003) em 1957. É quando possuímos uma crença ou expectativa, válida ou não, que nos leva a acreditar que aquilo vai se tornar realidade, porque os outros agem como se assim o fosse, obscurecendo nossas avaliações.	O gerente forma uma boa impressão sobre um colaborador que demonstra autoestima, atenção e sempre fornece as informações necessárias. O colaborador, aproveitando o apoio, comporta-se como o gerente espera. No entanto, se ele não se portar como o esperado, a culpa é do outro.
Efeito perverso	Quando julgamos os outros considerando apenas seus traços negativos, definidos por nossas crenças ou tabus em sociedade.	O colaborador é egresso da prisão, tendo cumprido pena, mas não arruma emprego. A pessoa é tatuada e por isso não consegue um emprego.

Fonte: Elaborado com base em Rosenzweig, 2008; Robbins, 2000; Kinicki; Kreitner, 2006.

Quando atuamos em dissonância cognitiva, por meio dos comportamentos listados no Quadro 2.2, estamos reinterpretando situações fora de nós que consideramos contraditórias aos nossos parâmetros. Esse conflito nos leva a obter aprendizados mais sutis. A dissonância cognitiva é importante para o processo de *feedback* (realimentar, dar uma resposta ou opinião solicitada ou não), porque nossa reação depende de nossas crenças e expectativas sobre as coisas e as pessoas.

Entender os processos de percepção é fascinante e pode nos prestar grande auxílio, uma vez que o comportamento humano ainda não foi totalmente desvendado e é com ele que os administradores têm de lidar quando gerenciam as organizações (Rosenzweig, 2008; Robbins, 2000; Kinicki; Kreitner, 2006).

Na sequência trataremos sobre as *competências*. No mundo do trabalho, sempre falamos sobre a importância das habilidades e das competências. Na verdade, a habilidade é um dos aspectos da competência, visto que também constitui a famosa sigla *CHA* – conhecimentos, habilidades e atitudes.

Os significados atribuídos a cada conceito estão explícitos na figura a seguir.

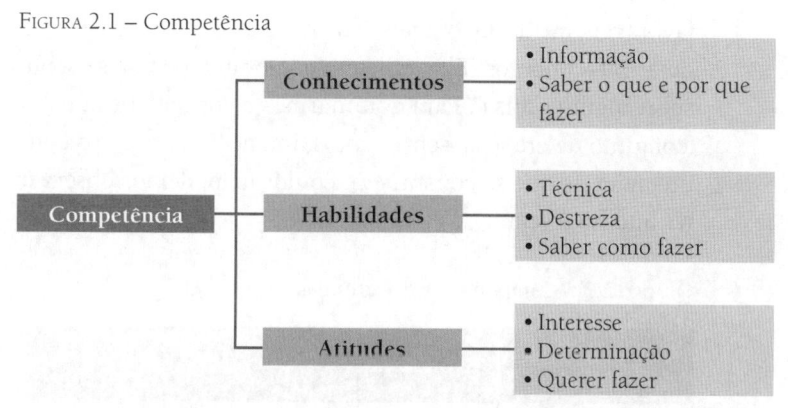

Figura 2.1 – Competência

Competência	Conhecimentos	• Informação • Saber o que e por que fazer
	Habilidades	• Técnica • Destreza • Saber como fazer
	Atitudes	• Interesse • Determinação • Querer fazer

Fonte: Adaptado de Durand, citado por Brandão; Guimarães, 2001, p. 10.

Competência, segundo Brandão e Guimarães (2001), é a capacidade que devemos desenvolver para articular nossos conhecimentos (o que e por que fazer), habilidades (como fazer, relacionada a métodos e metodologias) e atitudes (querer fazer, aspecto vinculado à nossa personalidade).

> Encontramos **conhecimentos** em muitos lugares fora de nós – como livros, internet, pessoas, palestras e filme.
> Podemos ser **hábeis** se treinarmos insistentemente com orientação.
> Já **a atitude de querer** está vinculada ao nosso sistema: cognição, emoção e comportamento.

Robbins (2000, p. 324) explica que as atitudes estão vinculadas à nossa personalidade e à forma como vemos, avaliamos e sentimos o mundo ao nosso redor. Expressamos nossas atitudes quando fazemos "declarações de caráter avaliativo, favoráveis ou desfavoráveis, em relação a objetos, pessoas ou acontecimentos. Elas refletem como uma pessoa se sente sobre alguma coisa". Para dominarmos o conceito de *atitudes* (conjunto de crenças, sentimentos, intenções), devemos compreender de que se constituem, conforme podemos observar no quadro a seguir.

QUADRO 2.3 – Componentes das atitudes

Componentes das atitudes	Explicação
Cognição	São nossas convicções e opiniões sobre as várias coisas do mundo, bem como grau e nível de nossos conhecimentos científicos teóricos e práticos e "achismos".
Emoções	São sentimentos de amor, alegria, medo, raiva e tristeza que afetam as reações fisiológicas (pressão sanguínea, batimento cardíaco, coloração da pele), que, por sua vez, afetam nossos comportamentos psicológicos (estados de espírito, humor, concentração, discernimento) em relação a um objeto ou situação.

(continua)

(Quadro 2.3 – conclusão)

Componentes das atitudes	Explicação
Comportamento	É expresso pela nossa intenção ou vontade de se comportar em relação a um objeto ou evento.

Fonte: Elaborado com base em Robbins, 2000; McShane; Glinow, 2013.

Para os autores, a influência no nosso processo cognitivo e emocional afeta nossos comportamentos, principalmente em situações de conflito – razão pela qual eles mencionam que devemos sempre observar o nosso estado emocional, porque o tema é complexo e demanda atenção (Robbins, 2000; McShane; Glinow, 2013).

Segundo Robbins (2000), os seres humanos podem demostrar variados tipos de atitudes. Nas organizações, os administradores estão interessados principalmente na satisfação com o cargo ocupado, no envolvimento com o trabalho e no comprometimento com a organização.

A **satisfação no cargo ocupado** é muito importante, pois se o indivíduo não tiver qualificação e não gostar do que faz, ficará sempre insatisfeito, o que não é bom para nenhum dos lados. Colaboradores insatisfeitos podem desenvolver atitudes negativas no ambiente de trabalho, afetando o fluxo de produção, fazendo boicotes e criando conflitos que influenciam o desempenho geral da organização.

O **envolvimento no trabalho** é a identificação psicológica e emocional que desenvolvemos com o nosso trabalho, a qual afeta a qualidade de nosso desempenho. Quanto maiores forem a identificação com o cargo e o sentimento de valorização, mais nos envolvemos – o que evita o absenteísmo (toda falta no trabalho, justificada ou não) e a rotatividade (demissão a pedido do colaborador).

Por fim, o **comprometimento com a organização** é a identificação psicológica e emocional com a organização de forma ampla – ou seja, com sua missão, visão e políticas de trabalho –, que produz o sentimento de orgulho e pertencimento, incentivando-nos a ajudá-la a prosperar.

Surge, então, a pergunta: Um colaborador feliz é um colaborador produtivo? Veja o que diz Robbins (2000, p. 326) sobre estudos científicos:

> *Nos anos 1930, pesquisadores estudavam a relação entre satisfação e produtividade, concluindo prematuramente que os trabalhadores felizes eram trabalhadores realmente produtivos. Consequentemente, os gerentes dos anos 1930 a 1950 ficaram encantados com a ideia de aumentar a satisfação do funcionário em seu cargo. Um resultado disso foi o paternalismo empresarial. Para tornar os trabalhadores felizes, os gerentes formavam equipes de boliche na companhia, faziam empréstimos, realizavam piqueniques e treinavam os supervisores para serem sensíveis às preocupações dos subordinados. Entretanto, as constatações iniciais das pesquisas que apoiam a tese do trabalhador feliz eram falhas.*

As pesquisas sobre produtividade revelaram que a satisfação é maior quando o colaborador não é constrangido ou controlado por fatores externos (velocidade dos computadores e máquinas em geral, crise econômica, carga de trabalho, baixos salários, estilos de gerenciamento). Outra descoberta dos estudos científicos, segundo Robbins (2000, p. 327, grifo nosso), é que a "**produtividade resulta em satisfação, não o contrário**". Assim, organizações com colaboradores mais satisfeitos tendem a ser mais produtivas do que o contrário, pois colaboradores felizes, na maioria das vezes, são, pois, mais produtivos.

Portanto, administrar a satisfação no trabalho é uma ação complexa, porque passa por toda a amplitude da natureza do ser humano, além de ser uma das funções mais árduas do administrador.

Antes de encerrarmos o assunto sobre as habilidades e competências, devemos compreender o que significa *motivação*: um assunto que parece simples, mas não é. Segundo Archer (1997), uma dúvida constante de qualquer administrador é: Como motivar as pessoas? O autor aponta cinco falsas premissas nas quais muitos desses profissionais se baseiam para administrar as organizações, as quais você pode conferir no Quadro 2.4. Archer (1997) argumenta que esse é um tema muito mal compreendido e que tem afetado negativamente o sucesso organizacional.

QUADRO 2.4 – Os mitos da motivação

Mitos sobre a motivação	Explicação
Uma pessoa pode motivar a outra.	**Não pode.** A palavra *motivação* significa "**se mover em direção a alguma coisa fora de você**". O que está fora são fatores que podem satisfazê-lo em vários graus, porque temos muitas necessidades, as quais são diferentes em cada pessoa. A motivação (querer agir) para nos mover em busca do que queremos (fora de nós) vai depender de nossa personalidade como um todo. Às vezes queremos coisas, mas não nos movemos para conquistá-las.
Os gerentes motivam seus funcionários.	**Mito.** Na verdade, eles podem atender apenas às necessidades superficiais. Portanto, somos nós que precisamos agir em busca do atendimento de nossas necessidades no mundo. A decisão é nossa. A motivação está ligada às nossas necessidades, que, para serem satisfeitas, implicam em nosso movimento de buscá-las, conforme as prioridades individuais.

(continua)

(Quadro 2.4 – conclusão)

Mitos sobre a motivação	Explicação
Uma pessoa motivada é uma pessoa satisfeita.	**Não!** Temos uma série de necessidades; por isso, mesmo com algumas satisfeitas, ainda continuamos nos movendo em busca do que queremos. Portanto, podemos ser pessoas muito satisfeitas, todavia, ainda temos necessidades a serem atendidas.
O que motiva é o que direciona o comportamento de forma positiva ou negativa.	**Não!** O que motiva é querer agir; o que direciona como vamos preencher nossas necessidades é a nossa natureza, nossa personalidade e nossos princípios. Por exemplo: para preencher minha necessidade de tomar café, posso comprar, pedir ou roubar. Portanto, nosso movimento positivo ou negativo no mundo em busca do preenchimento de nossa necessidade está vinculado à nossa índole.
A motivação induz apenas a comportamentos positivos.	**Não!** Hitler, Stalin são exemplos de pessoas que, para satisfazer suas necessidades de poder, causaram grande sofrimento aos demais. Portanto, a motivação (querer agir) pode se constituir de ações que constroem ou destroem a nós mesmos e aos demais. Administradores motivados por necessidades mesquinhas causam grandes danos aos colaboradores, à organização e à sociedade.
Fatores de motivação são iguais a fatores de satisfação.	**Não!** A motivação é intrínseca, vinculada à nossa energia interna (vontade para agir) considerando nossa personalidade. A satisfação é extrínseca (coisas fora de nós que queremos). O grau de necessidade de cada ser humano depende única e exclusivamente da natureza de cada indivíduo.

Fonte: Adaptado de Archer, 1997.

Perguntamos, então: Por que os estudos sobre as necessidades (sendo o de Maslow o mais conhecido) não conseguem explicar a dinâmica das necessidades dos colaboradores?

> *as pessoas não se enquadram em uma única hierarquia de necessidades. Algumas pessoas colocam o* status social *no topo da sua hierarquia pessoal; outras consideram o desenvolvimento e o crescimento pessoais uma prioridade permanente sobre as relações ou* status social. *Há uma evidência crescente de que as hierarquias de necessidades são únicas para cada pessoa, não universais, porque as necessidades são fortemente influenciadas pelo autoconceito de cada indivíduo, incluindo valores pessoais e a identidade social.* (McShane; Glinow, 2013, p. 9, grifo do original)

As necessidades se pautam em prioridades, que variam entre os indivíduos.

Compreendemos, nesse sentido, que os administradores precisam desenvolver suas competências planejando ações, organizando os meios administrativos e produtivos, liderando pessoas e controlando resultados para o sucesso organizacional, que envolve lidar com pessoas e suas personalidades e necessidades. O que esses profissionais podem fazer é apenas tentar satisfazer necessidades considerando as políticas implantadas em cada organização (remuneração, benefícios, carreira e desenvolvimento).

Concluimos, então, que as competências estão vinculadas às nossas necessidades, motivações e, principalmente, à nossa vontade de agir.

Antes de estudarmos as principais teorias administrativas, a próxima seção esclarecerá o significado de *organização* – ideia básica que todo administrador, formado ou não em Administração, deve conhecer.

2.5 Organizações

O termo *organizações* é de grande amplitude, uma vez que engloba vários grupos sociais que estão conectados na sociedade. Muitos são os pesquisadores que estudaram o fenômeno *organizações*. Uma síntese desses estudos é apresentada no quadro a seguir.

Quadro 2.5 – Conceitos e características das organizações

Estudioso	Conceito de organização	Características essenciais
Max Weber (1864-1920)	Grupo corporativo no qual a relação social se limita à admissão de membros por meio de regras (burocracia).	A participação é limitada. As regras são claras. As condutas aceitáveis são claramente definidas. A legalidade impera. Os gestores decidem, controlam e punem.
Chester Irving Barnard (1886-1961)	Sistema cooperativo entre pessoas, com atividades conscientemente coordenadas e deliberadas com propósitos comuns.	Comunicação, motivação e propósito comum. Cooperação entre os membros.
Talcott Edgar Frederick Parsons (1902-1979)	Unidades sociais de grupos humanos, construídos e destruídos de forma deliberada, para atingir objetivos específicos.	Divisão do trabalho, poder, comunicação, divisões, centro de controle, planejamento. Busca eficiência para a realização de seus objetivos.
Amitai Etzioni (1929-)	Agrupamentos humanos criados deliberadamente para atingir metas específicas.	Coercitivas (baseadas em punições), utilitárias (baseadas em recompensas) e normativas (baseadas no comprometimento e disciplina). Todas possuem divisão de trabalho, atribuição de poder e responsabilidades de acordo com o seu planejamento.

(continua)

(Quadro 2.5 – conclusão)

Estudioso	Conceito de organização	Características essenciais
Peter Blau (1918-2002) e William Richard Scott (1932-)	Coletividades que foram criadas para concretizar objetivos relativamente específicos.	Divisão do trabalho, poder, comunicação, divisões, centro de controle, planejamento, controle. Busca eficiência para realização de seus objetivos.
Richard Hall (1930-2009)	Coletividades com fronteiras, regras, hierarquia, sistemas de comunicação e coordenação dos membros e ações técnicas inseridas em um contexto. Suas ações acarretam consequências tanto à organização quanto à sociedade.	Regras, hierarquias, comunicação, sistemas de controle, coordenação, procedimentos técnicos, metas.
Peter Drucker (1909-2005)	Grupo de seres humanos especialistas que trabalham em conjunto para executarem uma atividade.	Como as pessoas unem os seus conhecimentos para o sucesso da organização.

FONTE: Elaborado com base em Merton, 1957; March; Simon, 1970; Drucker, 1994; Hall, 2004.

Constatamos que as várias visões do conceito de *organização* se devem à perspectiva que cada estudioso abordou do fenômeno em uma determinada época. Explicitaremos essas visões no decorrer dos próximos capítulos, demonstrando como elas afetaram a maneira de fazer negócios em cada período.

As organizações são fenômenos complexos. Nesse sentido, devemos sempre lembrar de suas características mais importantes: grandes, racionais, especializadas, formais e hierarquizadas – reduzidas à sigla *GREFH*. Confira mais detalhadamente no quadro a seguir.

QUADRO 2.6 – Características das organizações complexas

Grandes	Seu tamanho dificulta o contato pessoal, visual e afetivo entre os colaboradores.
Racionais	As estruturas dos cargos e as funções são previamente definidas para que seja possível orientar as ações de cada membro aos objetivos organizacionais.
Especializadas	Suas atividades são focadas no ramo de negócio em que atua e todos os seus esforços são direcionados para essa tarefa.
Formais	Controles e normas orientam tanto o trabalho como os comportamentos, por meio de políticas e diretrizes, a fim de criar estabilidade e previsibilidade em seus processos.
Hierarquizadas	Diferentes níveis de autoridade e responsabilidades são definidos em seu organograma. Quanto mais acima estiver o cargo, maiores serão a autoridade e a responsabilidade decisória.

FONTE: Adaptado de Caravantes; Panno; Kloeckner, 2008.

Síntese

Vivemos em uma era permeada pela lógica da complexidade: assim como os seres humanos, atualmente as organizações também são complexas (quanto maiores, mais complexas). Apesar disso, o tempo todo estamos buscando previsões, prognósticos ou profecias para determinar a melhor forma de agir no mundo. Para saber como agir, o administrador deve conhecer a amplitude de sua profissão. No entanto, os demais profissionais também devem conhecer a lógica das organizações e da administração, pois irão atuar dentro das organizações, podendo ocupar, inclusive, cargos de gestão.

Em outras palavras, não existem grandes problemas na determinação de regras, técnicas ou modelos organizacionais. O que acontece, na verdade, é que esses problemas se concentram na maneira como executamos as tarefas, que às vezes é ineficaz, porque acreditamos que estamos no controle pleno de uma situação, mas, na maioria das vezes, ela é mais complexa do que pensamos (ilusão de controle). Essa ilusão ocorre quando algumas pessoas acreditam que podem controlar ou influenciar resultados, não tendo, no entanto, nenhum poder sobre eles. É importante que todo administrador compreenda isso.

Esse tema não se pauta em conceituação teórica: estamos tratando de uma realidade comportamental observável, comprovada por meio de estudos experimentais (Mariotti, 2010). Isso porque administrar organizações vai além de seguir normas e regulamentos – e um dos problemas que excede essa dimensão é a ilusão de controle, a qual embota nosso raciocínio e nossa inteligência emocional, levando-nos a tomar decisões prejudiciais para a organização, bem como para os que dela fazem parte.

Por essas razões, a profissão de administrador exige conhecimentos, competências e inteligência emocional desenvolvida.

Questões para revisão

1. Descreva quais são os significados dos três elementos que compõem a competência (conhecimento, habilidades e atitudes).

2. Assinale a alternativa **incorreta,** considerando os estudos sobre percepção:

a) Interpretamos o mundo baseados em nossos conhecimentos, nossas crenças e experiências.
b) Quando atribuímos nossos sucessos pessoais a fatores internos e, ao mesmo tempo, culpamos outras pessoas pelos nossos fracassos, cometemos um erro de percepção chamado *erro de atribuição*.
c) Quando acreditamos, por exemplo, que funcionários casados pedem menos demissão, cometemos um erro de atribuição denominado *estereotipagem*.
d) A dissonância cognitiva é importante para o processo de *feedback* (realimentar, dar uma resposta ou opinião solicitada ou não) porque nossa reação depende de nossas crenças e expectativas sobre coisas e pessoas.
e) O desenvolvimento de habilidades e competências está diretamente relacionado com nossa percepção do mundo.

3. Quais são os mitos da motivação?
   a) Uma pessoa pode motivar outras: uma pessoa motivada é uma pessoa satisfeita; o que motiva é diferente do que direciona o comportamento de forma positiva ou negativa; a motivação induz apenas a comportamentos positivos; os fatores de motivação são iguais aos fatores de satisfação.
   b) Uma pessoa pode motivar outras: uma pessoa motivada é uma a pessoa satisfeita; o que motiva é o que direciona o comportamento de forma positiva ou negativa; a motivação induz apenas a comportamentos positivos; os fatores de motivação são iguais aos fatores de satisfação.
   c) Uma pessoa pode motivar outras: uma pessoa motivada é uma pessoa satisfeita; o que motiva é o que

direciona o comportamento de forma positiva ou negativa; a motivação induz apenas a comportamentos positivos; os fatores de motivação são diferentes dos fatores de satisfação.

d) Uma pessoa pode motivar outras: uma pessoa motivada é uma pessoa insatisfeita; o que motiva é o que direciona o comportamento de forma positiva ou negativa; a motivação induz apenas a comportamentos positivos; os fatores de motivação são iguais aos fatores de satisfação.

e) Todas as alternativas anteriores estão corretas.

4. Indique a alternativa **incorreta** sobre o conceito de *organização*:
   a) Grupo corporativo no qual a relação social se limita à admissão de membros por meio de regras, segundo Max Weber.
   b) Agrupamentos humanos criados deliberadamente para atingir metas específicas, segundo Amitai Etzione.
   c) Trata-se de coletividades com fronteiras, regras, hierarquia, sistemas de comunicação e coordenação dos membros e ações técnicas inseridas em um contexto. Suas ações acarretam consequências tanto à organização quanto à sociedade, segundo Richard Hall.
   d) Grupo de seres humanos especialistas que trabalham em conjunto para executarem uma atividade, segundo Peter Drucker.
   e) São coletividades que foram criadas para concretizar objetivos relativamente específicos, segundo Chester I. Barnard.

5. Descreva cada uma das características das organizações complexas.

Questão para reflexão

Leia a afirmação a seguir e reflita sobre as seguintes questões: Como o gestor pode ajudar a promover a postura profissional global? Você acredita que é possível produzi-la em todas as empresas? Converse com seus colegas e discuta o assunto.

"A satisfação no trabalho e o comprometimento organizacional são tão importantes na nossa compreensão dos comportamentos no local de trabalho, que alguns especialistas sugerem que as duas coisas combinadas deveriam se chamar 'postura profissional global'" (McShane; Glinow, 2013, p. 79).

Para saber mais

Um bom profissional deve compreender a situação e enxergá-la como um todo, percebendo as inter-relações das partes, independentemente de sua formação. Todo bom gestor deve ter visão de futuro e compreender os erros de percepção que as pessoas realizam. Tal compreensão começa em si mesmo, ao tomar consciência de seus próprios erros perceptivos. Com isso, ele pode melhorar sua competência, desenvolvendo conhecimentos científicos que lhe fornecerão maiores habilidades de gestão vinculadas às atitudes sadias.

Assista à entrevista com Peter Drucker para conhecer quais são os comportamentos eficazes de um administrador:

DRUCKER, P. **Entrevista no Canal Newage**. Disponível em: <http://www.youtube.com/watch?v=iemrpo7iNHY>. Acesso: em 13 jun. 2014.

Para aprofundar seus estudos, leia também a obra indicada a seguir:

DRUCKER, P. **O gestor eficaz em ação**. São Paulo: Ltc, 2007.

3

Fundamentos das teorias administrativas

Conteúdos do capítulo

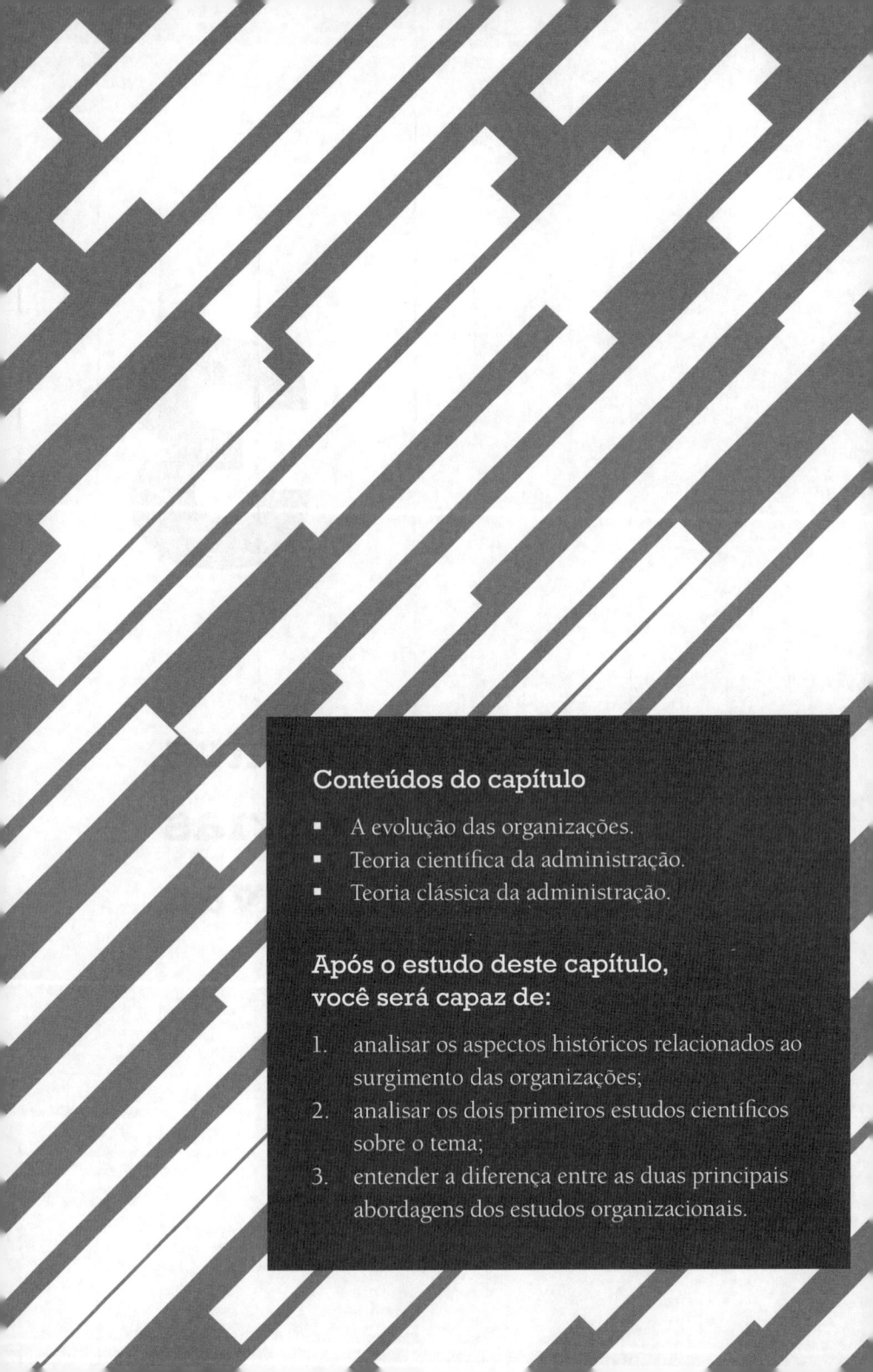

- A evolução das organizações.
- Teoria científica da administração.
- Teoria clássica da administração.

Após o estudo deste capítulo, você será capaz de:

1. analisar os aspectos históricos relacionados ao surgimento das organizações;
2. analisar os dois primeiros estudos científicos sobre o tema;
3. entender a diferença entre as duas principais abordagens dos estudos organizacionais.

Neste capítulo, discutiremos de forma sintetizada como as organizações surgiram e evoluíram. Depois, relataremos a primeira vez em que o conhecimento científico foi aplicado ao trabalho, nos Estados Unidos da América (EUA). Lembramos que a produção de conhecimento científico implica seguir métodos e procedimentos que devem ser testados e validados. Apresentaremos, por fim, outro estudo importante, desenvolvido na França, a partir do qual as organizações foram visualizadas como cargos e funções.

3.1
A evolução das organizações

As organizações sempre foram influenciadas pelo contexto no qual estão inseridas, o que inclui a história de cada nação. Segundo Clegg, Kornberger e Pitsis (2011), a primeira forma de organização do trabalho mundialmente aceita, a partir do século XVI, foi a escravidão, pois ela representou a ideia de como administrar em larga escala. Os escravos trabalhavam arduamente e em condições precárias, administrados por seus proprietários, que não compartilhavam de sua cultura. Com a escravidão, surgiram as normas disciplinares, as quais definiam claramente como e o que fazer no trabalho, eram conscientemente estabelecidas, e se mantinham pelo controle de um chefe. Diariamente, essa rígida disciplina era cumprida, com o auxílio de medidas de vigilância e punições.

Clegg, Kornberger e Pitsis (2011) indicam que a indústria moderna – e, por consequência, a administração moderna – instaurou-se na Inglaterra exatamente porque lá não se aceitava a escravidão como modo de produção. A base para a administração moderna foi o cuidado com a forma de se extrair valor do trabalho. Os métodos de ação eram centrais em cada tomada de decisão, razão pela qual, os autores consideravam a gestão de negócios como algo complexo: "Os pioneiros da Revolução Industrial se impuseram o estabelecimento de princípios que regiam práticas de gestão de trabalho, envolvendo um assunto tão complexo, novo e cheio de imprevistos como as demais ciências sociais aplicadas que tinham que dominar" (Pollard, 1965, citado por Clegg; Kornberger; Pitsis, 2011, p. 441).

Para saber mais

Assista aos vídeos indicados a seguir para compreender melhor quais fatores contribuíram para a Revolução Industrial na Inglaterra.

HISTORIAÇÃO humanas – História, Filosofia e Sociologia. **Revolução Industrial Inglesa**: resumo do pioneirismo da Inglaterra – causas, fatores e consequências. Disponível em: <http://www.youtube.com/watch?v=k6KHbhmtQgo>. Acesso em: 15 maio 2014.

Para saber mais sobre a Revolução Industrial nos EUA, assista ao vídeo disponibilizado no *link* a seguir e depois discuta com seus colegas o que você observou de interessante.

ALVES, R. **Revolução Industrial Norte-americana**, EUA, 2012. Disponível em: <http://www.youtube.com/watch?v=qp-ViBSR40Q>. Acesso em: 15 maio 2014.

No capítulo anterior, discorremos sobre a Revolução Industrial. Ao assistir aos filmes, você compreenderá exatamente como o capitalismo surgiu, mediante a modificação dos modos de produção – do modo artesanal para o industrializado, por meio da melhoria das máquinas.

Nesse contexto, Adam Smith (1723-1790) se destacou como um dos principais economistas políticos que contribuíram para as bases da administração. Smith foi um defensor do moderno capitalismo, compreendido como um sistema de livre mercado e iniciativa privada. Ele estudou o trabalho em uma fábrica de alfinetes e concluiu que a divisão do trabalho, quando formalmente realizada, resultava em grande produtividade. Segundo Smith, a divisão social do trabalho fornece a concentração e o aprimoramento do desempenho de determinada tarefa, pois por meio dela os simples operários se transformam em trabalhadores especializados (Dezordi, 2010).

> **Mas, o que é mesmo *capitalismo*?**
>
> É um sistema econômico fundado no domínio dos direitos da propriedade privada, organizado pelo livre mercado, no qual as pessoas negociam seu poder de trabalho com os proprietários do capital (os capitalistas), os quais, por sua vez, consolidam-se por um empreendimento (organização).

Outro autor que contribuiu com a administração foi Max Weber (1864-1920), sociólogo alemão que estudou as relações entre os sistemas religiosos e políticos. Para a administração, destacam-se seus estudos sobre as fontes de autoridade, que resultaram no termo *burocracia*. Suas principais obras são: *A ética protestante e o espírito do capitalismo* (1904) e *Economia e sociedade* (1921).

Weber procurou compreender a organização formal, mais especificamente os meios que poderiam ser desenvolvidos para dirigir o trabalho em um contexto no qual vários indivíduos realizavam trabalhos diferentes. Ele também comparou vários países em diferentes estágios de desenvolvimento e períodos históricos, acabando por descobrir como se organizavam e como eram gerenciados (Weber, 2002).

Para Weber (2002), o capitalismo passou a existir com o surgimento das empresas, as quais buscam o maior lucro possível por meio da **organização racional do trabalho e da produção** – ideia desenvolvida por Frederich Taylor de forma científica.

Em suas conclusões, Weber (2002) define três tipos de autoridade: tradicional, carismática e racional-legal – ideia que resultou na classificação das organizações.

Quadro 3.1 – Tipos de autoridade segundo Weber

Autoridade tradicional	Apoiada na tradição ou prática do passado.
Autoridade carismática	Apoiada na devoção, no heroísmo ou no caráter de um indivíduo.
Autoridade racional-legal	Apoiada na ideia de atingir os fins propostos por objetivos previamente traçados; baseada no direito legal do ocupante do cargo (autoridade de mandar fazer).

Fonte: Adaptado de Weber, 2002.

De acordo com Weber (2002), os princípios-chave da burocracia são:

- Ênfase na estrutura por meio da hierarquia e da sequência dos cargos, delimitando, assim, regras e regulamentos a serem cumpridos.
- Especialização da tarefa: o empregado a ser contratado deve ter o preparo técnico necessário ao cargo.
- Estabelecimento de regras e normas para garantir o atingimento dos objetivos, sempre seguindo os parâmetros previamente estabelecidos.
- Definições claras acerca das responsabilidades de cada cargo e sua autoridade cabível.
- Registro de todos os procedimentos da organização.

Burocracia não consiste em um sistema emperrado com papelórios inúteis; trata-se, na verdade, de um modelo ideal de funcionamento quando todos trabalham de forma impessoal.

Nesse modelo, todos seguem as regras, cada indivíduo cuida do seu trabalho, as decisões são focadas na legalidade e não há valores pessoais, interesses de grupos, perseguições ideológicas nem outras mazelas humanas. Todos focam o mesmo objetivo, para atingi-lo com a máxima eficiência e produtividade, sempre em busca do bem-estar da organização e da sociedade.

Já a *disfunção burocrática* ocorre quando as pessoas não são impessoais: elas decidem por interesses individuais ou de determinado grupo, ou, ainda, por poder, inveja e valores pessoais, distanciando-se do modelo de funcionamento ideal de burocracia.

Fonte: Elaborado com base em Merton, 1957; Weber, 2002; Hall, 2004; Caravantes; Panno; Kloeckner, 2008.

Conforme Chiavenato (2003), vários pensadores contribuíram para a presente estrutura organizacional, que hoje vivenciamos de modo sistemático: James Mill (1773-1836) defendia que os estudos de tempos e movimentos produziriam incremento da produção; David Ricardo (1772-1823) alegava que capital, salário, renda, produção, preços e mercados estavam correlacionados no trabalho; John Stuart Mill (1806-1873) apresentou a ideia de que o controle devia estar voltado para evitar furtos nas empresas; Karl Marx (1818-1883) apregoava que o valor da mercadoria é determinado pela quantidade de trabalho necessário para produzi-la.

Essas contribuições foram tão importantes que ainda hoje fazem parte do nosso cotidiano organizacional. Quando produzimos, compramos, planejamos, recebemos nossos salários e realizamos nosso trabalho, estamos movendo a economia de mercados, nos valendo dos preceitos administrativos que veremos a seguir.

O ponto de partida para o início da sistematização de ideias aplicadas ao trabalho e às organizações industriais é consenso entre os estudiosos: o engenheiro Frederick Winslow Taylor (1856-1915) foi responsável por esse processo – razão pela qual ele é considerado o pai da **administração científica**. A Europa passava pela Segunda Revolução Industrial, devido ao uso da eletricidade, do motor a explosão, do corante e do telégrafo, tecnologias que possibilitaram grande desenvolvimento.

Caravantes, Panno e Kloeckner (2008), bem como Clegg, Kornberger e Pitsis (2011), concordam que Taylor foi o primeiro a:

- desenvolver uma ciência do trabalho;
- selecionar e treinar os trabalhadores de forma científica;
- combinar as ciências do trabalho e de treinamento de trabalhadores;

- compreender que administradores e trabalhadores deveriam se especializar continuamente e colaborar mutuamente.

Como pudemos perceber, os primeiros princípios da administração foram desenvolvidos por Taylor e Fayol. Essas contribuições são conhecidas como *teoria clássica da administração*.

3.2 Teoria clássica da administração

Segundo Amaral (1984), Taylor e Fayol são os principais representantes da teoria clássica da administração, que se divide em **administração científica** e **teoria clássica**.

Quadro 3.2 – Comparação entre administração científica e teoria clássica

Administração científica	Teoria clássica
Frederick Winslow Taylor (1856-1915) Engenheiro mecânico americano. Formou-se pelo Instituto de Tecnologia Stevens, onde estudou por correspondência. Aos 22 anos, entrou para a Midvale Steel Company, uma fábrica de aço. Nessa fábrica, de assistente de capataz chegou a engenheiro-chefe. Publicou cinco livros, dos quais os mais conhecidos são *Princípios de Administração Científica* e *Shop Management* (*Gerência de Fábrica*). Registrou 42 patentes. **Foco** – Estudou a organização do ponto de vista da linha de produção.	**Henri Fayol** (1841-1925) Engenheiro de minas francês, atuou como diretor em várias sociedades. Como Taylor, utilizou sua experiência profissional para ajustar as pessoas e o trabalho nas organizações. Criou o Centro de Estudos Administrativos. Tinha o hábito de tomar notas e disso emergiu seu livro *Administração Geral e Industrial*, que foi um sucesso. Estabeleceu o PODC (planejamento, organização, direção e controle). **Foco** – Estudou a organização segundo o ponto de vista da direção.

Fonte: Elaborado com base em Lopes, 1987.

Nas próximas seções veremos mais detalhadamente essas duas teorias.

3.2.1 Administração científica

Taylor desenvolveu os princípios da administração científica buscando evitar o desperdício no trabalho. Segundo Amaral (1984), na Midvale (empresa em que Taylor trabalhou), os trabalhadores ganhavam por peças produzidas. Quem ambicionava ganhar mais precisava produzir mais. O que ocorria, entretanto, é que quando a produção aumentava, os proprietários abaixavam o preço da peça pago aos trabalhadores, que desse modo permaneciam com o mesmo salário. O encarregado se empenhava em fazer com que os operários não trabalhassem demais. Isso gerou uma luta silenciosa entre os trabalhadores e a direção – batalha que continua sendo um dos desafios gerenciais da atualidade.

Para Taylor (citado por Amaral, 1984), a administração deveria ter como lógica uma série de funções, as quais poderiam ser rearranjadas de maneira que os trabalhadores especializados realizassem diferentes partes da tarefa – ajustando, assim, o indivíduo à atividade.

A administração científica estava apoiada em quatro princípios básicos, conforme Caravantes, Panno e Kloeckner (2008), cujo intuito era melhorar o rendimento do trabalho:

1. **Estudo das tarefas**, por meio de medições objetivas, para encontrar a melhor forma de realizar as obrigações.
2. **Seleção das pessoas** mais aptas a desempenharem determinada função.
3. **Desenvolvimento de treinamentos** para que essas pessoas pudessem aprender os métodos mais eficientes.
4. **Incentivos monetários**, para aqueles que desempenhassem as tarefas de acordo com o método.

Taylor acreditava que a verdadeira administração científica aconteceria na mente dos trabalhadores a partir do momento em que eles começassem a utilizar seus princípios por vontade própria – os empregadores agiriam do mesmo modo em relação aos trabalhadores.

Modelos, métodos e metodologias (sejam quais forem) são incapazes de contribuir para a melhoria do trabalho se as pessoas envolvidas não se comprometerem integralmente com eles.

Para Taylor (citado por Amaral, 1984), o sucesso do indivíduo estava relacionado ao sucesso da organização – o que ainda é válido. Sabemos que uma organização na qual os colaboradores não desempenham suas tarefas devidamente não funciona de maneira adequada.

Apesar da validade de suas descobertas, as ideias de Taylor causaram grande furor, recebendo duras críticas de seus contemporâneos, especialmente de empreendedores, supervisores e industriais – resistências que, segundo Clegg, Kornberger e Pitsis (2011), justificavam-se pelos seguintes motivos:

- Os operários contratados e subcontratados acreditavam que perderiam seu meio de subsistência a partir da especialização do trabalhador.
- Os donos do capital e os proprietários de pequenas fábricas tinham medo de serem devorados pelos grandes proprietários. Eles temiam que esse tipo de conhecimento, divulgado por Taylor, enfraquecesse seu poder de propriedade.
- Poucos administradores estavam preparados para aceitar a remuneração por produtividade, conforme a proposta de Taylor, porque preferiam resultados eficazes sem custos salariais. Eles gostaram da parte da **eficácia** e da **mensuração do tempo**, mas não das recompensas e dos bônus.
- No final do século XIX, os trabalhadores estavam organizados em sindicatos e não aceitavam a perda da habilidade artesanal gerada pela padronização e produção em série.
- Na época, acreditava-se que a administração científica produziria o desemprego, motivado pela aceleração do trabalho (o mesmo ocorreu quando o processo de automação se iniciou no final do século XX).

As ideias de Taylor (mecanicismo e padronização), apesar de controversas, foram facilmente compreendidas e adotadas quando eclodiu a Primeira Guerra Mundial – momento em que os trabalhadores qualificados foram para a guerra, deixando na retaguarda funcionários inexperientes, principalmente mulheres, que precisaram aprender rapidamente o trabalho para manter a logística em tempos de guerra (Clegg; Kornberger; Pitsis, 2011).

> Para Clegg, Kornberger e Pitsis (2011), no contexto da administração científica, a responsabilidade do administrador se caracteriza pelo:
> - controle de um número relativamente pequeno de trabalhadores;
> - alto índice de centralização na cúpula;
> - foco no controle e na padronização do trabalho, de forma a reprimir conflitos;
> - tratamento desumano e rigidez disciplinar.

Taylor recebeu importantes contribuições com a parceria do engenheiro Frank Bunker Gilbreth (1868-1924) e da psicóloga Lillian Evelyn Moller Gilbreth (1878-1972).

Frank e Lillian investigaram como os trabalhadores poderiam assentar tijolos de forma mais produtiva. Eles conseguiram diminuir o número de movimentos no assentamento de tijolos – de 18 para dois. Essas pesquisas sobre a produtividade foram denominadas por Taylor de *estudos de tempo*. Analisando a façanha do casal Gilbreth na indústria da construção civil, Taylor foi capaz de propor três melhorias no processo de trabalho (Amaral, 1984):

1. Supressão de movimentos considerados desnecessários.
2. Adoção de equipamentos mais simples, evitando assim movimentos fatigantes e demorados.
3. Aprendizado de movimentos simultâneos com ambas as mãos.

Para Taylor (citado por Amaral, 1984), os métodos propostos valiam para a direção, já que na época apenas os chefes sabiam pensar o trabalho. Em outras palavras, apenas os que ocupavam cargos mais altos eram trabalhadores do conhecimento – os operários deviam fazer apenas o que lhes era ordenado (quem tinha conhecimento mandava nos demais). A pessoa que exercia um cargo mais importante era considerada diferente dos demais – ou seja, superior. Por isso Taylor alertava que o conhecimento não é mau, mas nas mãos de pessoas erradas pode causar sofrimento às demais (Amaral, 1984).

Taylor advertiu: "se é certo que o conhecimento obtido pelo estudo de tempos elementares é valioso instrumento em mãos da direção, pode esta utilizá-lo para o bem ou para o mal. Cautela, pois!" (Amaral, 1984, p. 93).

Os trabalhos de Taylor e do casal Gilbreth ajudaram a aprimorar os processos das organizações do seu tempo, de forma a evitar a inatividade e os desperdícios. Portanto, o que Taylor fez revolucionou o trabalho nas organizações. Suas ideias são atualmente utilizadas em todos os tipos de instituições.

Enquanto Taylor aplicava conhecimento científico ao trabalho nos EUA, Fayol fazia algo semelhante na França, conforme veremos na próxima seção.

3.2.2 Teoria clássica

Como já destacamos, o principal representante da teoria clássica foi Henri Fayol. Ele graduou-se aos 19 anos em Engenharia de Minas e de imediato começou a trabalhar, atuando em um grupo diretivo até a sua morte. Fayol cultivou durante os seus 58 anos de vida a perseverança de anotar tudo o que ocorria na organização em que trabalhou – o que culminou em seu livro *Administração geral e industrial*, publicado em 1916 (Lopes, 1987).

Em 1922, o governo e o parlamento francês autorizaram a reorganização do Departamento dos Correios da França segundo os parâmetros explicitados por Fayol nessa obra. No prefácio, Fayol (1977, p. 11) menciona que "A administração constitui um fator de grande importância na direção dos negócios: de todos os negócios, grandes ou pequenos, industriais, comerciais, políticos, religiosos ou de outra índole qualquer".

O Quadro 3.3 apresenta os princípios de Fayol (1977) para que uma organização possa ser bem administrada e como as pessoas devem se comportar dentro das organizações para que todas as incumbências organizacionais sejam adequadamente levadas em consideração. Leia com atenção, pois você pode vir a praticar tais princípios em seu trabalho.

Quadro 3.3 – Princípios de Fayol

Princípios de Fayol	Explicação
Divisão do trabalho (especialização)	Presta-se a encorajar a melhoria contínua de habilidades e desenvolver melhorias nos métodos de trabalho. O intuito é produzir mais e melhor com o mesmo esforço. O que cada trabalhador faz em cada cargo deve ser escrito e dado ao seu ocupante.
Autoridade	Direito de mandar e poder de se fazer obedecer. Quem está no cargo tem o direito de mandar o outro a fazer o trabalho e este lhe deve obediência.
Disciplina	Obediência, assiduidade e respeito, segundo as convenções estabelecidas entre a empresa e seus agentes.

(continua)

(Quadro 3.3 – continuação)

Princípios de Fayol	Explicação
Unidade de comando	Deve-se receber ordens somente de um chefe.
Unidade de direção	Um único chefe e um único programa para toda a organização.
Subordinação de interesses	Os interesses da empresa devem prevalecer aos interesses individuais ou de pequenos grupos.
Política de remuneração	É o prêmio pelos serviços prestados. Deve ser equitativo e, tanto quanto possível, satisfazer ao mesmo tempo o empregador e o empregado (pagamento por dia, por tarefa ou por peça, prêmios, participação nos lucros, compensações honoríficas). Atenção: isso já ocorria em 1916.
Centralização	As decisões são emanadas de cima. Não se trata de um sistema de administração "bom" ou "mau", mas de uma simples questão de medida. Trata-se de encontrar o limite favorável à empresa.
Cadeia escalar (hierarquia)	Refere-se à série de chefes, que vai da autoridade superior até os agentes inferiores na hierarquia de mando da empresa.
Ordem	"Um lugar para cada pessoa e cada pessoa no seu lugar" (Fayol, 1977, p. 51). Daí vem a importância da descrição de cargos em uma empresa.
Estabilidade no emprego	O trabalhador necessita de tempo para aprender a desempenhar bem sua tarefa (desde que tenha as habilidades necessárias), ainda que o treinamento para torná-lo eficiente seja oneroso. A estabilidade também é uma questão de medida.

(Quadro 3.3 – conclusão)

Princípios de Fayol	Explicação
Iniciativa	Deve-se conceber planos e assegurar os meios para que sejam bem executados. Este aspecto está vinculado à nossa vontade de querer (**motivação**).
União do pessoal	É o espírito de equipe, entendido como força para resolver os problemas organizacionais.

FONTE: Adaptado de Fayol, 1977, grifo nosso.

No entanto, a visão do homem prático de Fayol não é uma receita de bolo. O autor (Fayol, 1977) alerta sobre a necessidade de buscar o equilíbrio (para empregador e empregado) nas decisões desencadeadas por esses princípios e também aponta a limitação e os abusos que ocorriam nas organizações da época, valendo-se da ideia de *racionalidade limitada* (conceito mencionado na seção 1.5).

Mary Parker Follett (1868-1933), de certa forma, também compartilhou dos mesmos princípios. Ela era assistente social, e foi a primeira mulher a publicar um livro sobre administração – denominado *Dynamic Administration*, de 1914. É considerada a profeta do gerenciamento porque antecipou a administração por objetivos (APO) e a teoria situacional, que só viriam a eclodir 50 anos depois (Clegg; Kornberger; Pitsis, 2011).

Follett defendia que deveria haver integração entre os interesses da organização e os dos funcionários, ou seja, deveria haver cooperação entre as partes, por meio de uma autoridade apropriada a cada situação. Ela acreditava que a produtividade era necessária às organizações e poderia ser alcançada com justiça social por meio da democratização do poder. Se as organizações fossem democráticas, as pessoas poderiam aprender a atuar de modo cooperativo (Clegg; Kornberger;

Pitsis, 2011). Os autores mencionam os princípios mais importantes de Follett:

- Deve-se atribuir **autoridade e responsabilidade** suficientes para a realização de cada tarefa dentro da organização.
- A responsabilidade deve ser gerenciada por cada pessoa com base em sua tarefa, de modo a contribuir da forma mais significativa possível com os demais membros e tarefas da organização.
- A autoridade deve fluir da respectiva função exercida, devendo esta ser legitimada (Clegg; Kornberger; Pitsis, 2011).

Follett enfrentou a complicada situação de ser uma mulher a estudar as organizações em um contexto de gestores majoritariamente homens – razão pela qual, suas pesquisas vieram à tona somente mais tarde. As contribuições de Follett para a noção de justiça no trabalho são atualmente essenciais para as organizações (Clegg; Kornberger; Pitsis, 2011).

Finalizando os estudos sobre o tema, destacamos Henri Ford, o norte-americano que criou a Ford Motor Company em 1903. Seu mérito foi a criação da linha de montagem.

Segundo Caravantes, Panno e Kloeckner (2008, p. 63), Ford foi uma figura-chave para o desenvolvimento da produção em série no mundo, principalmente no ramo automobilístico. Ele defendia a massificação da produção (produzir em grandes quantidades), de modo a atender ao maior número possível de clientes. No entanto, produzia um carro de baixa qualidade e sofisticação tecnológica. Seu imperativo era: "abundância para todos e altos salários para criar grandes mercados".

É importante destacar que Ford **apenas aplicou** os conceitos de produção em série e controle de estoque, os quais outros estudiosos melhoraram com muita eficiência.

Esses pensadores (como sempre acontece) agiam considerando o tempo em que estavam e devotavam suas vidas a fim de descobrir como fazer o melhor possível nas organizações, mesmo gastando o menor número possível de recursos (em especial, tempo e dinheiro), tanto em relação aos processos quanto às pessoas.

As contribuições de Ford ainda são utilizadas e muitas de suas conclusões continuam válidas. Outras, entretanto – como a ideia de justiça social, de democratização do poder e de cooperação –, ainda estão se formatando nas organizações atuais. Essa abordagem, em específico, prescreve o que se deve fazer na organização por meio de rotinas padronizadas, sistemas de controle e métodos eficientes. Ressaltamos que tais ideias e práticas de gestão continuam evoluindo ainda nos dias atuais, sempre em busca do sucesso organizacional e da sustentabilidade das gerações futuras.

Síntese

Encerramos este capítulo com um quadro-resumo da teoria clássica da administração, enfatizando as ideias dos dois grandes estudiosos que revolucionaram as organizações.

Veja no Quadro 3.4 como cada um deles abordou o fenômeno de forma prática – ou seja, por meio da experimentação dentro das organizações em que trabalhavam.

QUADRO 3.4 – Comparação entre Taylor e Fayol

Teoria clássica da administração		
Itens	Administração científica (Taylor)	Teoria clássica (Fayol)
Foco	Empregado.	Gerente.
Ênfase	Tarefa.	Estrutura.
Visão	De baixo para cima.	De cima para baixo.
Positivo	Produtividade e eficiência.	Profissionalização dos gestores e definição estrutural.
Negativo	Não considera as necessidades sociais dos indivíduos.	Crença de que o comportamento racional predomina em quem ocupa cargos mais altos (gerente).
Contribuições	Treinamento. Regras e rotinas do trabalho. Melhor maneira de fazer um trabalho – por meio da divisão. Atendimento às necessidades financeiras por meio da produtividade.	Definição de hierarquia, cargos e funções. Autoridade. Equidade no trabalho. Descrição do que se deve fazer em cada cargo. Divisão do trabalho por funções. PODC (planejar, organizar, dirigir, controlar).

FONTE: Elaborado com base em Amaral, 1984; Fayol, 1977.

É importante observar que o que tratamos até aqui se refere apenas ao início da administração. As implicações dos trabalhos de Frederick Taylor, Henri Fayol e Max Weber estabeleceram a base para a compreensão do mercado e dos processos produtivos.

Considerando a época em que viveram (final do século XIX e primeira metade do século XX), o que esses estudiosos realizaram (em linguagem atual) foi uma tecnologia de ponta, que ajudou as organizações – além da sociedade como um todo – a florescerem e a prosperarem.

É importante também lembrar que esses estudiosos não eram pessoas com conhecimento profundo do assunto, mas homens práticos que tentavam resolver os problemas de seu tempo com conhecimentos e valores de sua vida religiosa e cotidiana. No entanto, eles ignoraram o fato de que muitas outras pessoas no mundo estavam preocupadas em resolver questões fundamentais para a sobrevivência e a prosperidade das organizações – afinal, na época, não estavam conectados como hoje estamos.

Questões para revisão

1. Explique quem foram Frederick Taylor e Henri Fayol.

2. Considerando os quatro princípios básicos sobre os quais a administração científica se apoiava, assinale a alternativa correta:
   a) Estudos de tempo e movimentos, seleção de pessoas, desenvolvimento de treinamentos e incentivos monetários.
   b) Estudo das tarefas, seleção das pessoas, desenvolvimento de treinamentos e incentivos monetários.
   c) Estudos de tempo e movimentos, recrutamento das pessoas, desenvolvimento de treinamentos e incentivos monetários.
   d) Estudo das tarefas, recrutamento das pessoas, desenvolvimento de treinamentos e incentivos monetários.
   e) Nenhuma das alternativas anteriores está correta.

3. Assinale a alternativa correta:
   a) Disciplina é o direito de mandar e o poder de se fazer obedecer. Quem está no cargo tem o direito de mandar o outro a fazer o trabalho, e este lhe deve obediência.
   b) Autoridade refere-se à série de chefes, que vai da autoridade superior aos agentes inferiores na hierarquia de mando da empresa.
   c) Centralização é quando as decisões são emanadas de cima.
   d) Iniciativa é quando os interesses da empresa devem prevalecer aos interesses individuais ou de pequenos grupos.
   e) Nenhuma das alternativas anteriores está correta.

4. Indique a alternativa correta sobre os princípios-chave da burocracia:
   a) Ênfase na estrutura; centralização das tarefas, regras e normas para atingir os objetivos; definição clara das responsabilidades de cada cargo; registro dos processos.
   b) Ênfase na estrutura; especialização das tarefas, regras e normas para atingir os objetivos; definição clara das responsabilidades de cada cargo; registro das inciativas.
   c) Ênfase na estrutura; especialização das tarefas, regras e normas para atingir os objetivos; definição clara das responsabilidades de cada cargo; registro dos processos.
   d) Ênfase na estrutura; centralização das tarefas, regras e normas para atingir os objetivos; definição clara das responsabilidades de cada cargo; registro das iniciativas.
   e) Nenhuma das alternativas anteriores está correta.

5. Quais as ideias que Mary Parker Follet defendia? Você concorda ou não com ela? Justifique.

Questão para reflexão

Acesse o *link* a seguir e assista à palestra. Reflita sobre o seu futuro. Anote os tópicos dos quais você mais gostou e discuta-os com seus colegas e professores.

CORTELLA, M. S. **Vida e carreira**. Disponível em: <https://www.youtube.com/watch?v=4AETcZOv2Ac>. Acesso em: 13 jun. 2014. Palestra completa.

4

Teoria das relações humanas e teoria neoclássica

Conteúdos do capítulo

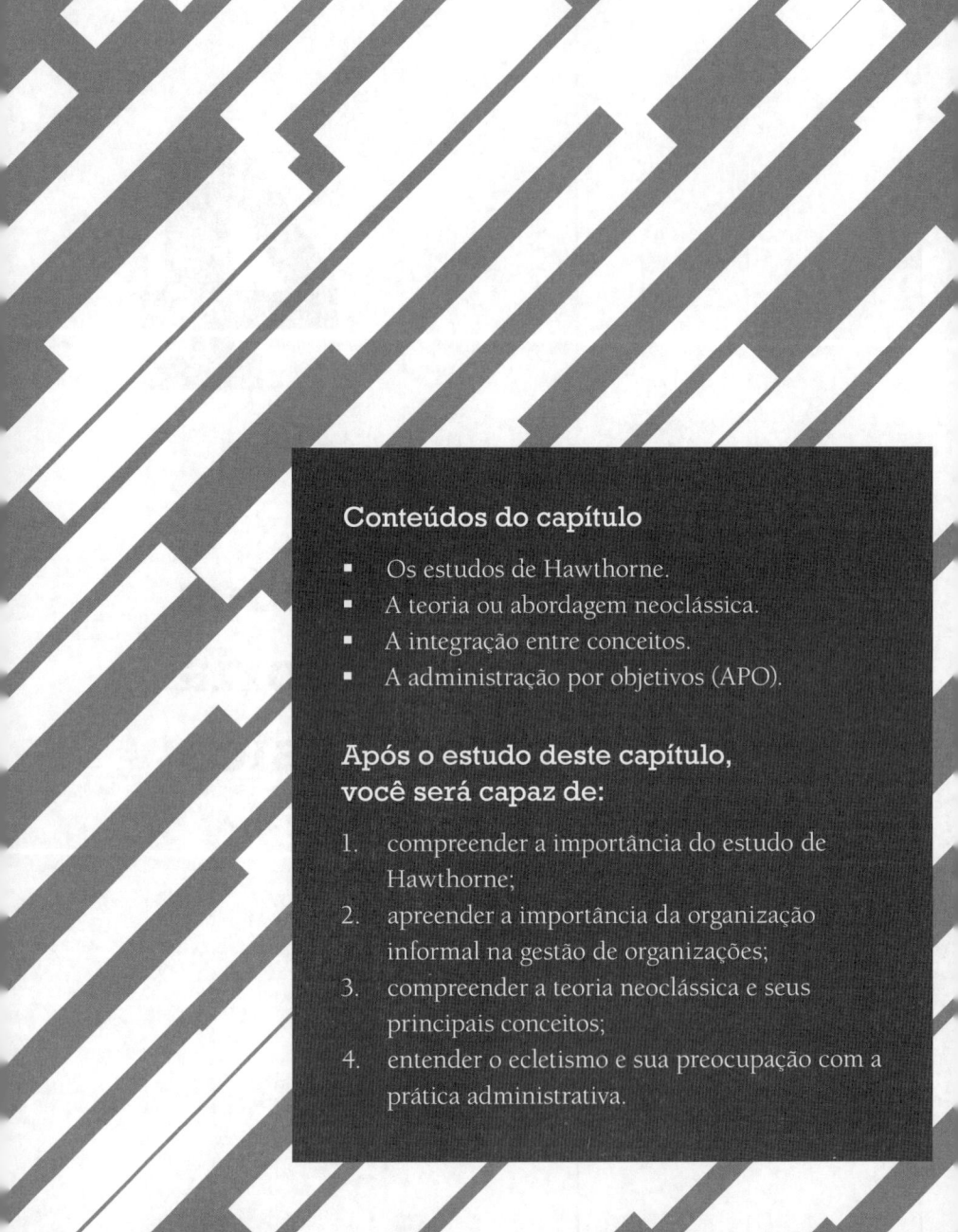

- Os estudos de Hawthorne.
- A teoria ou abordagem neoclássica.
- A integração entre conceitos.
- A administração por objetivos (APO).

Após o estudo deste capítulo, você será capaz de:

1. compreender a importância do estudo de Hawthorne;
2. apreender a importância da organização informal na gestão de organizações;
3. compreender a teoria neoclássica e seus principais conceitos;
4. entender o ecletismo e sua preocupação com a prática administrativa.

Segundo Caravantes, Panno e Kloeckner (2008, p. 72), "quando você ouvir falar da Teoria das Relações Humanas, é quase inevitável que encontre associada a ela a experiência de Hawthorne e o trabalho de Elton Mayo". Neste capítulo, vamos, primeiramente, descobrir a importância desse estudo para as organizações atuais.

Em seguida, nos debruçaremos sobre a teoria (ou abordagem) neoclássica da administração. Ressaltamos a diferença entre *teoria* e *abordagem* segundo Chiavenato (2003, p. 152, grifo do original):

> O termo Teoria Neoclássica é, na realidade, é um tanto quanto exagerado. Os autores aqui abordados [...], muito embora não apresentem pontos de vista divergentes, também não se preocupam em se alinhar dentro de uma orientação comum. Em resumo, os autores neoclássicos não formam propriamente uma escola bem definida, mas um movimento relativamente heterogêneo. Preferimos a denominação

teoria, para melhor enquadramento didático e facilidade de apresentação, muito embora alguns autores a denominem de **Escola Operacional, Escola do Processo Administrativo**, ou ainda **Abordagem Universalista da Administração**.

O termo *teoria* refere-se a um conjunto de conhecimentos que apresentam graus diversos de sistematização e credibilidade e que se propõem a elucidar, interpretar ou explicar um fenômeno ou acontecimento que se expõe à atividade prática, em consenso ou com direcionamento em comum entre os estudiosos. Para Popper (1972), a diferença entre a teoria científica e outras teorias é que a ciência, pelo menos, é falsificável, mesmo que não possa ser provada. Em outras palavras, as teorias científicas estão formuladas em termos precisos para conduzirem a previsões definidas.

Neste capítulo, portanto, discutiremos as características da abordagem neoclássica e como estes vários estudos se interligam. Destacaremos também a importância do estudo da administração por objetivos (APO) e a repercussão dela nas organizações atuais.

4.1 Teoria das relações humanas

Essa teoria está ligada ao trabalho do psicólogo George Elton Mayo (1880-1949), considerado o *pai das relações humanas*. Seu estudo foi motivado pela ideia de que a solução dos problemas organizacionais não está no controle rígido da engenharia de trabalho.

Clegg, Kornberger e Pitsis (2011, p. 454) explicam que Mayo considerava que a "engenharia era parte do problema, e não a solução". Ele transpôs os conhecimentos adquiridos com soldados e neuroses de guerra para o ambiente organizacional. Para Mayo – influenciado principalmente por Freud e pela psicanálise –, a maioria dos comportamentos humanos são inconscientes e, portanto, conflituosos; para resolvê-los – seja na guerra, seja no ambiente de trabalho – seria necessário tratar o que ele chamou de *neuroses organizacionais* (Clegg; Kornberger; Pitsis, 2011).

Quando Mayo mudou-se da Austrália para os Estados Unidos da América (EUA), sua reputação de palestrante e a competência em sua área o conduziram a Harvard, em 1926, onde trabalhou no Departamento de Pesquisa Industrial. Ali, ele se associou a um projeto, em 1927, que ficou conhecido mais tarde como *os estudos de Hawthorne* (Clegg; Kornberger; Pitsis, 2011).

Caravantes, Panno e Kloeckner (2008) mencionam que a questão que Mayo queria responder era: "Quais **fatores** presentes no ambiente físico e social de uma pessoa que trabalha em uma organização são **capazes de afetar seu desempenho**, seu trabalho e sua satisfação pessoal com a tarefa realizada?".

O estudo, liderado por Mayo e Fritz Jules Roethlisberger (198-1974), ocorreu entre 1920 e 1939, na Western Eletric Company, localizada na cidade de Chicago, mais especificamente no bairro de Hawthorne. Mayo, Roethlisberger e outros pesquisadores realizaram testes sobre o efeito de variáveis físicas (iluminação, temperatura, ritmo de produção) associadas à produtividade. Os resultados, segundo Hampton (1983), não permitiram uma conclusão definitiva, o que confundiu esses estudiosos (Clegg; Kornberger; Pitsis, 2011).

Mayo e Roethlisberger acreditavam que o trabalhador tinha necessidades físicas e sociais, por isso deveria ser considerado portador de valores sociais.

Caravantes, Panno e Kloeckner (2008) forneceram o seguinte exemplo: quando são usados diferentes tipos de cadeiras em uma organização, isso estabelece um valor social (*status*) que, por sua vez, gera interpretações equivocadas – como a de que determinadas cadeiras são reservadas a pessoas especiais. Dessas interpretações sobre o tratamento das pessoas nas organizações, bem como sobre a distribuição dos recursos de trabalho (qualidade ou tamanho de mesas, cadeiras, computadores etc.), surgem os conflitos de pertencimento e reconhecimento.

Mayo, tendo esse quadro em perspectiva, extraiu teorias mais abrangentes: ele concluiu que a constituição de grupos informais nas fábricas era uma reação à forma pela qual a organização tratava os trabalhadores – em geral, com pouca sensibilidade (Clegg; Kornberger; Pitsis, 2011).

Nessa época, nos EUA, as condições de trabalho na indústria eram degradantes e desinteressantes, as tarefas eram repetitivas e supersimplificadas e os trabalhadores não tinham qualquer controle sobre elas. Havia grande opressão entre chefias e trabalhadores e ocorriam muitas humilhações – o que afetava a satisfação e a necessidade de autoestima no trabalho. Esse sentimento (importância e pouca importância) foi denominado por Mayo de *anomia*. Ele considerava que, para muitos administradores, a sociedade era formada por uma multidão de indivíduos não organizados, cuja única necessidade era a de autopreservação – razão pela qual eram dominados por necessidades fisiológicas e de segurança e trabalhavam somente em função do dinheiro. As empresas, portanto, organizavam o trabalho com base na ideia de que os trabalhadores eram oportunistas e desprezíveis (Clegg; Kornberger; Pitsis, 2011).

Com o desenvolvimento dos estudos sobre esse assunto, descobriu-se que a produtividade era afetada por fatores psicológicos e sociais. O arcabouço teórico que respondia à pergunta principal do pesquisador – "Quais fatores afetam o desempenho do trabalhador?" – ficou conhecido como *efeito de Hawthorne*.

> **O efeito de Hawthorne**
>
> Quando um grupo percebe que é valorizado e que seus membros são capazes de formar relações sociais entre si, a produtividade aumenta e, sendo assim, é resultado da formação de grupos integrados. Desse modo, é imprescindível a existência de organizações informais (Clegg; Kornberger; Pitsis, 2011).

Segundo os mesmos autores, no **sistema informal** o foco da atenção são as necessidades individuais – é necessário conhecer o que estimula cada pessoa para poder atendê-la da melhor forma possível, de modo que, satisfeita, ela produza mais e melhor (Clegg; Kornberger; Pitsis, 2011). Para Hampton (1983, p. 18), Mayo era muito otimista acerca da natureza humana, uma vez que ele acreditava que os gestores podiam confiar nos grupos de funcionários, porque assim estes seriam capazes de controlar o ritmo de seu próprio trabalho. Isso poderia "ser um incentivo para fazer crescer a felicidade humana e a produtividade organizacional".

Mayo acreditava que o administrador deveria ser "um clínico social, promovendo habilidades sociais daqueles com quem trabalha", e que as ferramentas de gestão dos administradores deveriam ser as entrevistas terapêuticas, os treinamentos e o aconselhamento pessoal (Clegg; Kornberger; Pitsis, 2011, p. 455). Na concepção do pesquisador, além das **competências técnicas** desses profissionais, era necessário fortalecer as **competências sociais**. Mayo mencionou que os trabalhadores precisavam ser ensinados a colaborar – e uma das tarefas do administrador era facilitar esse processo, agindo como conciliador.

Hampton (1983) destaca que Mayo – ao contrário de Taylor – não considerava que as pessoas nascem preguiçosas, pois, para ele, a apatia dos trabalhadores tinha outra origem: a forma como eram tratados e considerados no ambiente de trabalho.

Os estudos de Hawthorne entraram em conflito com os pressupostos da teoria clássica. Esse impasse está pautado nos seguintes aspectos:

- O trabalho é uma **atividade de grupo**, não individual. Ele é um elemento central na vida das pessoas, no convívio e nas relações humanas. Por isso, a **colaboração** no trabalho deve ser desenvolvida.
- No trabalho, as pessoas almejam preencher suas necessidades de **pertencimento social**, em busca de reconhecimento.
- A reclamação do trabalhador deve ser vista como um **sintoma**, que nem sempre possui caráter objetivo – às vezes, tem **raízes psicológicas**.
- O incentivo econômico não é a única força capaz de **motivar os trabalhadores** a aumentarem sua produtividade, uma vez que esta é também afetada pelas relações de grupo.
- Os **grupos informais** exercem controle sobre as atitudes e os hábitos de trabalho dos trabalhadores.
- A especialização do trabalho não garante uma organização mais eficiente. A organização deve buscar também a **coesão** do trabalho, por meio de um sistema de benefícios organizacionais positivos (Hampton, 1983; Clegg; Kornberger; Pitsis, 2011; Caravantes; Panno; Kloeckner, 2008).

No Quadro 4.1 apresentamos uma comparação entre a teoria clássica e a teoria das relações humanas, a fim de que você possa perceber, de forma mais evidente, as diferenças nas características da visão de indivíduo e do papel dele nas organizações.

Quadro 4.1 – Comparação entre as teorias clássicas e das relações humanas

Características	Teoria clássica	Teoria das relações humanas
Visão de estrutura	Mecânica e impessoal	Como sistema social
Comportamento	Oriundo dos regulamentos	Oriundo dos sentimentos e das atitudes
Ênfase	Tarefa	Nas pessoas do grupo
Necessidade	Econômica do trabalhador	Emocionais e qualidades humanas
Remuneração	Incentivos monetários	Incentivos psicossociais
Resultado	Alienação e insatisfação	Trabalhador feliz e produtivo

Fonte: Elaborado com base em Hampton, 1983; Clegg; Kornberger; Pitsis, 2011; Caravantes; Panno; Kloeckner, 2008.

Para Hampton (1983), Clegg, Kornberger e Pistsis (2011), Caravantes, Panno e Kloeckner (2008), os princípios da teoria das relações humanas perduraram por mais de uma década, entrando em declínio no final dos anos 1950 em função de novos estudos, os quais passaram a criticá-la, o que ocasionou a revisão e a alteração de suas concepções. As principais críticas, segundo Caravantes, Panno e Kloeckner (2008), recaíram nos seguintes aspectos:

- Sua oposição cerrada contra a teoria clássica a invalidava totalmente.
- Visualização das relações industriais de forma inadequada.
- Visão ingênua do comportamento dos trabalhadores.
- Conclusões eram sustentadas pela evidência científica inadequada.
- Conclusões parciais e enfoque manipulativo das relações humanas e do sentido de participação.
- Ênfase exagerada nos grupos informais.
- Preocupação exagerada com a felicidade e a produtividade.
- Os conflitos eram considerados algo ruim, e não força de criação.
- Crença de que o indivíduo, no grupo, tende a sacrificar os seus valores pessoais em prol da organização.

Portanto, a teoria das relações humanas, apesar de sua indubitável contribuição para os estudos futuros, não conseguiu explicar a totalidade do fenômeno organizacional.

Estudo de caso

O caso da Companhia Regência de Roupas

Quando o diretor de vendas da Companhia Regência de Roupas se aposentou, o presidente da organização decidiu que o substituto deveria ser alguém externo à empresa, pois acreditava que não havia em seu quadro de funcionários alguém com as competências exigidas para o cargo.

Ele então contratou uma firma externa para realizar o recrutamento do candidato que desempenharia tal função. O escolhido foi João Cândido, engenheiro de vendas, com 35 anos de idade, ex-funcionário de uma empresa concorrente. Aparentemente João correspondia às expectativas do presidente, pois demonstrara iniciativa e criatividade. Os dois haviam se conhecido anteriormente em uma reunião de negócios.

> No primeiro ano no cargo, João não conseguiu elevar as vendas da empresa. No entanto, nesse período houve perda de clientes importantes e alta rotatividade na equipe de vendas: vendedores pediram demissão e foram buscar outros empregos – inclusive o assistente da diretoria de vendas, funcionário antigo que pediu demissão após trabalhar durante um ano sob a orientação de João. Eles alegavam que João não aceitava sugestões e sempre impunha suas ideias – que nem sempre eram as mais adequadas à situação. Para que as ordens dele prevalecessem, João se calcava no fato de ser engenheiro e, portanto, de dispor de uma visão mais ampla dos negócios, em comparação aos vendedores, que dispunham apenas de prática e de experiência, e não das mesmas instrução e cultura profissional que ele.
>
> Ao tomar conhecimento do caso, o presidente percebeu que precisava agir de modo a solucionar o problema.
>
> **Considerando os princípios da teoria das relações humanas, qual seria a solução para a situação mencionada?**

Fonte: Adaptado de Chiavenato, 1983, p. 161.

4.2 Teoria neoclássica

A teoria ou abordagem neoclássica é considerada por vários autores como uma atualização da teoria clássica, a qual foi redimensionada para enquadrar os problemas administrativos atuais. Nesse sentido, a teoria neoclássica é a própria teoria clássica, mas considerando elementos da teoria das relações humanas e da teoria da burocracia.

Muitos autores contribuíram para essa abordagem, contudo, eles não se preocuparam em se alinhar dentro de um foco comum: seus trabalhos, apesar de não apresentarem pontos de vistas divergentes, calcaram-se em estudos separados (Caravantes; Panno; Kloeckner, 2008).

Os principais estudiosos da abordagem neoclássica são: Peter Drucker, Ernest Dale, Harold Koontz, Cyrill O'Donnell, John Pfiffner, Franck P. Sherwood, William Newman, Ralph Davis, Lyndall Urwick, Alfred Sloan Jr., Igor Ansoff, George Odiorne e Gary Steiner. Em virtude da ausência de alinhamento, eles não formam uma escola como as demais, mas um **movimento heterogêneo de abordagens**, com vistas a realinhar a teoria clássica ao contexto atual das organizações (Caravantes; Panno; Kloeckner, 2008).

Esses estudiosos davam ênfase à prática da administração, reafirmando os postulados das teorias clássica, das relações humanas e burocrática. Eles enfatizaram os princípios gerais da administração com um elevado grau de **pragmatismo** – doutrina filosófica que adota como critério de verdade a utilidade prática –, ou seja, somente o que tiver valor utilitário é válido.

Para Caravantes, Panno e Kloeckner (2008, p. 172), os autores da teoria neoclássica consideravam que as organizações deveriam ser "baseadas em princípios científicos universalmente aplicáveis", já que elas não vivem fechadas em si mesmas, mas interagem constantemente com seu entorno. Por esse motivo, uma teoria deveria ser capaz de se situar nos mais diversos contextos. Os principais estudiosos que defenderam essa visão foram: Herbert Alexander Simon, Philip Selznick e Talcott Edgar Frederick Parsons. A abordagem desses estudiosos foi valiosa porque forneceu criticidade à administração – eles enfocavam aspectos não considerados por outra parte de estudiosos neoclássicos.

Herbert Alexander Simon (1916-2001) foi professor da Universidade de Chicago e economista. Ele foi o primeiro a questionar a abordagem da teoria clássica, argumentando que os princípios dela eram apenas provérbios administrativos inconsistentes e inaplicáveis ao mundo das organizações em sua dinâmica diária. Por exemplo: o conceito de *unidade de comando* (um dos princípios da teoria clássica) podia ser aplicado de formas diferentes nas mesmas circunstâncias (Simon, 1965).

Já Philip Selznick (1919-2010), sociólogo e professor da Universidade da Califórnia, argumentava que, embora fosse possível descrever a estrutura das organizações utilizando-se de argumentos racionais, eles não possibilitavam administrar os aspectos de uma organização informal – por exemplo, o comportamento humano. Afinal, não é possível administrar uma organização informal de forma racional.

Por sua vez, Talcott Parsons (1902-1979), sociólogo e professor das universidades de Harvard e de Yale, estabeleceu uma análise da organização segundo uma visão sistêmica e sociológica, argumentando que as organizações funcionam como um sistema social focado em objetivos que se inter--relacionam sistematicamente, gerando um resultado maior para si e para a sociedade. O objetivo de Parsons era construir uma ciência social integrada.

A análise das teorias desses três professores é uma etapa mais avançada do estudo de administração. No entanto, nesse momento o importante é que você saiba que eles existem e compreenda sua importância.

Destacamos, assim, que, ao explorarmos as principais características da abordagem neoclássica, devemos ter em mente as ideias de Simon, Selznick e Parsons, teóricos importantes por sua reconhecida assertividade e coerência. A integração desses três autores proporciona uma visão mais ampla da teoria neoclássica, já que ultrapassa um método pragmático capaz de ser aplicado na administração factual das organizações.

Tendo em vista esse alerta, vamos conhecer as principais características dessa teoria.

4.2.1 Principais características da abordagem neoclássica

Segundo Caravantes, Panno e Kloeckner (2008), as principais características dessa abordagem são: ênfase na prática administrativa; reafirmação dos postulados clássicos; ênfase nos princípios gerais da administração; ênfase nos objetivos e resultados; ecletismo.

A **ênfase na prática administrativa** está vinculada ao pragmatismo (o critério da verdade é a utilidade prática). Enfatizava-se a busca continuada por resultados concretos cada vez melhores e os estudiosos buscavam desenvolver métodos utilizáveis para o estabelecimento de uma ação administrativa única em todas as organizações, como uma lei universal (Caravantes; Panno; Kloeckner, 2008). Sabemos que isso não é possível – todavia, essa tentativa foi realizada por inúmeros autores.

A **reafirmação dos postulados clássicos** refere-se à reiteração da importância das ciências do comportamento na administração em detrimento dos aspectos puramente econômicos que envolvem uma organização, ou seja, essa abordagem resgata os conteúdos da teoria clássica, reestruturando-os para o contexto atual, ampliando-os e flexibilizando-os.

A teoria neoclássica também propõe uma **ênfase nos princípios gerais da administração**, em contraposição às normas de comportamento administrativo e às leis científicas, flexibilizadas em busca de soluções mais práticas para o contexto organizacional (Caravantes; Panno; Kloeckner, 2008).

Os princípios de planejar, organizar, dirigir e controlar (PODC) foram mantidos nessa abordagem por serem considerados essenciais aos processos organizacionais, independentemente do tipo de organização. No entanto, esses princípios foram ampliados pelos autores neoclássicos, passando a abranger a importância do estabelecimento dos objetivos por escrito; o agrupamento de atividades, com vistas a torná-las mais eficientes e econômicas; e linhas de autoridade mais claras, com o intuito de diminuir os níveis organizacionais (Caravantes; Panno; Kloeckner, 2008).

Cabe esclarecer, nesse contexto, que um *princípio* é uma proposição geral aplicável a determinados fenômenos, como um guia de ação, enquanto *lei* implica a demonstração de relações de causa e efeito.

A **ênfase nos objetivos e nos resultados** foi mantida pelos neoclássicos porque, afinal, um empreendimento não é um fim em si mesmo – ele visa resultados. Para isso, a organização necessita ser bem estruturada, a fim de que seja possível mensurar objetivos e resultados – assim, por meio de um sistema de avaliação, é possível saber se o que era desejado foi alcançado (Caravantes; Panno; Kloeckner, 2008).

Na administração científica, o foco eram os métodos racionais de produção – uma vez que a teoria clássica se preocupava com os princípios administrativos. Os neoclássicos, por sua vez, enfatizavam. Os meios na busca pela eficiência, acreditando que assim é possível gerar resultados cada vez melhores.

Nesse caminho, os neoclássicos adotaram uma postura **eclética**: eles absorveram os conteúdos de outras teorias administrativas, conforme demonstramos no quadro a seguir.

Quadro 4.2 – Conteúdos absorvidos pelos neoclássicos

Teorias administrativas	Conceitos absorvidos
Teoria das relações humanas	Conceitos de organização informal, dinâmica de grupos, processos de comunicação, liderança e abertura democrática.
Teoria da burocracia	Ênfase nas normas e nos regulamentos formais, hierarquia e aspectos relativos à autoridade e à responsabilidade.
Teoria estruturalista	Perspectiva da organização dentro de um contexto social. Inter-relação entre a organização formal e a informal, objetivos organizacionais e individuais, os conflitos e suas alternativas de integração.
Teoria behaviorista	Motivação humana, teoria das decisões, liderança, comportamento humano, conflitos organizacionais, jogos de poder, sistema de recompensa.
Teoria da matemática	Pesquisa operacional, métodos de quantificação para mensuração matemática de resultados, estudo de decisões quantitativas e programáveis.
Teoria dos sistemas	A organização foi concebida em sistemas e subsistemas que interagem reciprocamente, considerando as demandas do contexto. Também os conceitos de entrada, saída e retroação dos sistemas para melhorar o ciclo de *performance*.

Fonte: Elaborado com base em Motta, 1975; Caravantes; Panno; Kloeckner, 2008.

Segundo Chiavenato (1983), para os neoclássicos, um bom administrador possibilita ao grupo o alcance dos objetivos organizacionais com o mínimo de esforço, recursos, conflitos e atividades inúteis. Por isso, para os neoclássicos, a administração é entendida como a coordenação de atividades grupais. As organizações também podem realizar atividades integradas de interesse mútuo (Chiavenato, 1983).

O autor destaca que os neoclássicos compreendiam que todas as organizações apresentam os seguintes aspectos administrativos: objetivos, administração e desempenho individual (Chiavenato, 1983).

Quanto aos **objetivos**, pode-se dizer que todas as organizações são meios para a realização de uma tarefa social – motivo pelo qual devem definir e delimitar de forma clara quais são seus objetivos. Porém, não existe um método científico para estabelecer todos os objetivos organizacionais. Para Chiavenato (1983, p. 171), "Os objetivos são julgamentos de valor, são escalas de prioridades no atendimento de necessidades da comunidade por parte da organização". As organizações estabelecem seus objetivos considerando suas necessidades atuais.

No que diz respeito à **administração**, apesar de terem objetivos próprios e singulares, as organizações são semelhantes na área administrativa. Em todas elas há a exigência de reunir indivíduos para trabalhar em conjunto – só assim é possível fazer um empreendimento prosperar. Todas enfrentam o dilema do equilíbrio: objetivos organizacionais e individuais; necessidades de ordem e flexibilidade; inovação e liberdade individual.

Para alcançar o equilíbrio, é necessário estabelecer uma estrutura organizacional capaz de englobar as tarefas e os princípios da administração de forma adequada. Por exemplo: sempre haverá conflito entre a *eficiência* e a *eficácia*. Por essa razão, você, futuro gestor, precisa entender a importância e a amplitude desses dois conceitos, de modo a dominar suas diferenças. Veja as definições de ambos no quadro a seguir.

Quadro 4.3 – Diferenças entre eficiência e eficácia

Eficiência	Eficácia
Enfatizar os meios.	Enfatizar os resultados.
Fazer corretamente as coisas.	Fazer as coisas certas.
Solucionar problemas.	Atingir objetivos.
Cuidar dos recursos e economizá-los.	Otimizar a utilização dos recursos.
Cumprir as tarefas necessárias.	Obter sempre resultados melhores.
Treinar os colaboradores.	Possibilitar aos colaboradores desenvolvimento continuado.
Fazer a manutenção das máquinas e dos equipamentos.	Oferecer o equipamento necessário.
Falar sobre valores éticos e humanísticos.	Praticar valores éticos e humanísticos.
Orar.	Ganhar o céu.

Fonte: Elaborado com base em Chiavento, 2003; Caravantes; Panno; Kloeckner, 2008.

Quanto ao **desempenho individual**, a maioria das organizações concorda que ele está vinculado à eficácia dos indivíduos. A empresa sobrevive e prospera quando contribui tanto com os seus integrantes quanto com a sociedade, isto é, a partir do momento em que é produtiva e gera resultados que satisfazem a organização e seus integrantes.

É por meio dos indivíduos que uma organização atinge seus objetivos. Porém, a eficiência e a eficácia não são automáticas. O administrador necessita tomar decisões assertivas, que nem sempre são fáceis, porque ele às vezes não dispõe de todas as informações necessárias – no entanto, precisa agir. Por isso a importância do constante desenvolvimento de gestores e colaboradores: só assim é possível resolver os problemas organizacionais, que a cada dia são mais complexos, além de exigirem cada vez mais rapidez decisória.

Assim, para que a organização se desenvolva, é importante que os gestores conheçam como os estudos organizacionais são abordados, integrando seus conceitos por meio das pesquisas que os antecederam.

Para saber mais

A eficiência e a eficácia nem sempre atuam juntas. Chiavenato (1983) alerta que uma organização pode fazer certo as tarefas (eficiência), mas não atingir os resultados esperados (eficácia). A recíproca também é verdadeira. Por exemplo: você pode ler ou decorar todo o conteúdo deste livro; todavia, se não relacioná-lo com a empresa na qual atua, bem como não testar as ideias e pesquisar com os gestores o modo como eles tomam as decisões, não apreenderá a dinâmica dos conceitos e dilemas aqui abordados. A dinâmica das organizações e dos seus processos decisórios é continuamente reestruturada. Para aprofundar seu conhecimento sobre esse tema, leia a obra indicada a seguir:

CHIAVENATO, I. **Introdução à teoria geral da administração**. 3. ed. São Paulo: McGraw-Hill do Brasil, 1983.

4.2.2 Integração entre os conceitos das teorias administrativas

Como já demonstramos, a teoria neoclássica busca integrar os conceitos dos estudos anteriores. Para apreender essas diferenças, analise o quadro a seguir.

QUADRO 4.4 – Comparação entre as teorias administrativas

Aspectos principais	Teoria clássica e Administração científica	Teoria das relações humanas	Teoria da burocracia	Teoria neoclássica
Foco	Tarefas e estrutura.	Pessoas.	Estrutura.	Tarefas, pessoas e estrutura.
Visão de organização	Formal.	Informal.	Formal.	Formal e informal.
Conceito de organização	Conjunto de cargos e tarefas em uma estrutura.	Conjunto de papéis desempenhados em um sistema social.	Conjunto de tarefas e cargos institucionalizados que funcionam por regras, como um sistema social.	Sistema social que funciona por meio dos objetivos que pretende alcançar.
Característica da gestão	Engenharia de produção e humana.	Ciência social aplicada.	Sociologia da burocracia legal.	Administração técnica, focada em objetivos.
Visão de homem	Homem econômico.	Homem social.	Homem organizacional.	Homem organizacional e administrativo.

(continua)

Aspectos principais	Teoria clássica e Administração científica	Teoria das relações humanas	Teoria da burocracia	Teoria neoclássica
Visão do comportamento organizacional (CO) do indivíduo	Isola-se, agindo apenas em busca de seus interesses e necessidades individuais.	Busca interagir com o grupo, age e reage como membro efetivo de um grupo.	Isola-se. Ação e reação estão estritamente vinculadas ao cargo e à posição que ocupa.	Busca alcançar objetivos individuais e organizacionais de modo racional e social.
Formas de incentivos	Materiais e salariais.	Sociais (participação) e simbólicos (reconhecimento).	Materiais e salariais.	Mistos: salariais, simbólicos, sociais e materiais.
Relação entre os objetivos individuais e organizacionais	Ênfase nos objetivos da organização. O conflito é negado pela organização.	Melhoria no tratamento das pessoas para atingir os objetivos da organização. O conflito deve ser evitado.	Não há conflito. Seguem-se as regras em busca dos objetivos organizacionais.	Deve haver equilíbrio entre os objetivos organizacionais e individuais. O conflito existe e deve ser administrado.
Resultados desejados	Máxima eficiência para maior lucro da organização.	Satisfação do operário para que ele seja produtivo de forma contínua.	Máxima eficiência dos processos regulamentados por regras.	Máxima produtividade, satisfação do trabalhador, melhoria dos processos.

FONTE: Elaborado com base em Chiavento, 2003; Caravantes; Panno; Kloeckner, 2008.

Destacamos que a tentativa de integração entre diversos princípios executada pelos neoclássicos desencadeou a busca pela melhor efetivação dos processos gerenciais atuais, com a finalidade de torná-los mais produtivos – afinal, novos dilemas decisórios emergiam. Por exemplo: É melhor centralizar ou descentralizar? Ações formais são melhores do que ações informais? Como distribuir a autoridade e a responsabilidade? Como integrar a organização linear com a funcional? Qual o melhor tipo de departamentalização – geográfica ou por função, produto, clientela, processo ou projetos?

Veja no quadro a seguir os princípios fundamentais que nortearam essa abordagem na solução de dilemas.

Quadro 4.5 – Princípios dos neoclássicos

Departamentalização por clientela	
Definição	
Decisões tomadas apenas na cúpula	
Vantagens	Desvantagens
▪ Decisores têm visão ampla da organização e são mais bem treinados. ▪ As decisões são mais consistentes com os objetivos globais. ▪ Eliminação de custos e duplicidade decisória.	▪ Decisores estão distanciados dos fatos que suas decisões afetam. ▪ Não têm contato com as pessoas envolvidas nas decisões. ▪ A comunicação pode ser distorcida até chegar à base.
Descentralização	
Definição	
Decisões tomadas em todos os níveis organizacionais	
Vantagens	Desvantagens
▪ Decisões são tomadas com rapidez por aqueles que estão perto do problema. ▪ Promove o sentimento de participação. ▪ Desenvolve o poder decisório dos gerentes de outros níveis.	▪ Falta de informação entre os departamentos envolvidos. ▪ Custo maior de treinamento e exigência decisória. Ênfase maior nos objetivos departamentais em detrimento dos objetivos globais.

(continua)

(Quadro 4.5 – continuação)

Organização linear

Definição

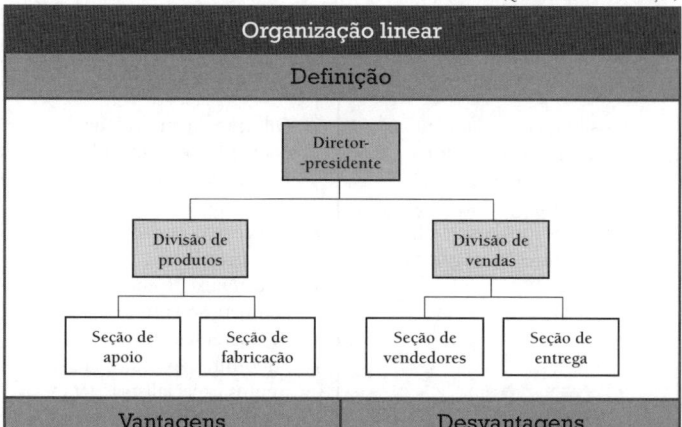

```
                    Diretor-
                   -presidente
              ┌──────────┴──────────┐
         Divisão de            Divisão de
          produtos               vendas
         ┌────┴────┐           ┌────┴────┐
     Seção de  Seção de    Seção de   Seção de
      apoio   fabricação  vendedores   entrega
```

Vantagens	Desvantagens
• Estrutura de fácil compreensão. • Clara delimitação das responsabilidades. • Facilidade de implantação. • Grande estabilidade decisória. • Alta padronização das ações.	• Leva à rigidez, dificultando a inovação e a adaptação ao ambiente. • A autoridade de comando dificulta a cooperação e a iniciativa pessoal. • Os gestores são generalistas, e não especialistas em relação ao cargo que ocupam, o que gera limitações decisórias. • Congestionamento da comunicação.

Organização funcional

Definição

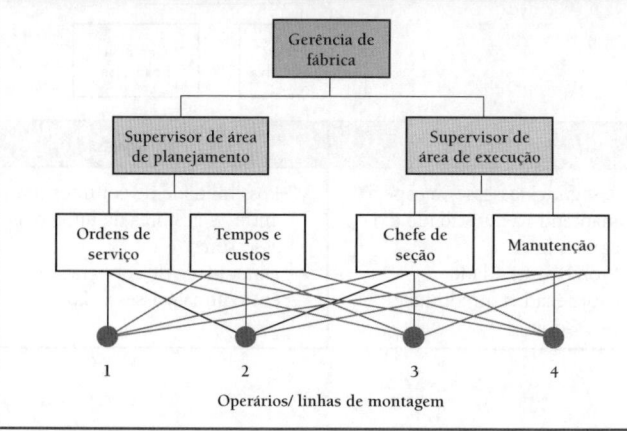

```
                     Gerência de
                       fábrica
              ┌───────────┴───────────┐
     Supervisor de área       Supervisor de
      de planejamento        área de execução
       ┌──────┴──────┐         ┌──────┴──────┐
    Ordens de    Tempos e    Chefe de    Manutenção
     serviço     custos       seção
        ●           ●           ●           ●
        1           2           3           4
            Operários/ linhas de montagem
```

(Quadro 4.5 – continuação)

Organização funcional

Vantagens	Desvantagens
▪ Possibilita especialização e supervisão por expertos. ▪ Desenvolve comunicação direta, com poucas distorções. ▪ Separa as funções de planejamento, direção, organização e controle.	▪ Diluição da autoridade de comando pela autoridade funcional, gerando problemas de obediência. ▪ Concorrência decisória entre os especialistas. ▪ Ocorrência de conflitos pela competição entre os objetivos de diferentes setores. ▪ Subordinação múltipla a muitos especialistas, gerando confusão com relação aos objetivos a atingir.

Organização Linha-Staff

Definição

```
                    Presidência
                         │
  Assessoria de ─────────┤
  planejamento           │
         ┌───────────────┼───────────────┐
    Diretoria        Diretoria       Diretoria
    industrial       comercial       administrativa/
                                     financeira
                                          │
                       Assessoria de organiza- ┤
                       ção, sistemas e métodos
                                     ┌────────┴────────┐
                                 Gerência          Gerência
                               administrativa     financeira
```

Vantagens	Desvantagens
▪ Assegura a assessoria especial, mantendo a autoridade e o comando. ▪ Promove atividade coordenada entre linha e assessoria.	▪ Possibilidade de conflitos entre os gestores da linha e os assessores. ▪ Dificuldade de cooperação entre linha e assessoria.

(Quadro 4.5 – continuação)

Departamentalização funcional

Definição

Divisão por setores: Financeiro, Recursos Humanos, Marketing

Vantagens	Desvantagens
• Permite agrupar especialistas sob uma única chefia. • Garante o máximo de utilização das habilidades das pessoas. • Permite maximizar custos. Concentra a competência técnica de forma eficaz.	• Reduz a cooperação interdepartamental. • É inadequada para ambientes propensos a grandes mudanças. • Tende a fazer com que as pessoas focalizem seus esforços apenas sobre as especialidades em detrimento dos objetivos globais.

Departamentalização por produtos ou serviços

Definição

Setores agrupados de acordo com os produtos ou o serviço que realizam

Vantagens	Desvantagens
• O departamento é avaliado pelo sucesso de seus integrantes. • Facilita a coordenação interdepartamental. • Facilita a inovação, a cooperação e a comunicação. • Permite flexibilidade de ação.	• Há dispersão dos funcionários devido aos vários produtos e serviços. • É contraindicada para situações externas estáveis. • Enfatiza mais a coordenação em detrimento da especialização.

Departamentalização por área geográfica

Definição

Setores agrupados pela localização geográfica onde o trabalho será desempenhado. Exemplo: regiões Norte e Sul etc.

Vantagens	Desvantagens
• O sucesso depende das condições de ajustamento na região. • Fixa a responsabilidade de lucro e o desempenho em relação a cada região. • Indicada para firmas de varejo. • Encoraja a busca de sucesso dos executivos de cada região.	• Deixa em segundo plano o planejamento, a execução e o controle como um todo devido ao grau de liberdade e autonomia decisória. • A pesquisa e o desenvolvimento de recursos humanos tornam-se aspectos secundários, pois o foco é mercadológico – gerar lucro.

(Quadro 4.5 – conclusão)

Departamentalização por projetos	
Definição	
Setores agrupados pelos projetos que desenvolvem em cada área da organização	
Vantagens	**Desvantagens**
• Possibilita alto grau de responsabilidade do grupo que executa o projeto. • Os funcionários envolvidos têm alto conhecimento e versatilidade, aceitando novas ideias e técnicas. • Melhora o atendimento ao cliente do projeto. • Melhor cumprimento dos prazos e orçamentos.	• Coordenador do projeto pode não dar a devida atenção à parte administrativa, gerando recursos ociosos ou mal utilizados. • A comunicação e a tomada de decisão são prejudicadas, porque cada grupo procura dedicar-se ao seu próprio projeto. • A eficiência e a eficácia de um grupo estão diretamente relacionadas com o tamanho do grupo.
Departamentalização por clientela	
Definição	
Atividades agrupadas para o atendimento do cliente. Exemplo: seção de cama, mesa, banho	
Vantagens	**Desvantagens**
• Favorece as condições de grupos de clientes bem definidos em busca de satisfação. • Assegura o reconhecimento e o atendimento contínuo e rápido aos diferentes clientes.	• Podem ocorrer dificuldades de coordenação, por exemplo, deixar de cuidar de outras áreas, como a de finanças, em virtude de uma preocupação exagerada com os clientes. • Utilização inadequada de recursos humanos e de equipamentos, em termos de grupos de clientes.

Fonte: Adaptado de Chiavenato, 1983.

Destacamos que, para os neoclássicos, **não havia resposta única** – razão pela qual eles abordavam sempre as vantagens e as desvantagens de cada princípio, ficando por conta das organizações o risco da aplicação.

Outra inestimável contribuição para esta abordagem foi promovida pelos estudos de Peter Drucker, por meio da administração por objetivos, conhecida como *APO*.

4.2.3 Administração por objetivos (APO)

Peter Drucker, em 1954, foi o primeiro estudioso a utilizar o termo *administração por objetivos (APO)* – motivo pelo qual é considerado o seu criador. O surgimento da APO se deve à pressão econômica durante a década de 1950, bem como à falta de resultados efetivos da gestão por pressão. Nesse contexto, Drucker (1962) buscou equilibrar os objetivos, admitindo maior participação, descentralizando decisões e dando espaço para a autoavaliação.

A APO emerge como um **método de avaliação e controle** sobre o desempenho das pessoas. Para o autor, a APO é uma técnica que congrega esforços utilizando planejamento, direção, organização e controle administrativo – afinal, para uma empresa atingir os resultados que deseja, é necessário definir o que é, para que existe e aonde quer chegar (Drucker, 1962).

A APO é um processo em que o superior e o subordinado atuam em conjunto de forma democrática, identificando objetivos comuns, cada um dentro de sua área de responsabilidade, de modo a guiar da melhor forma possível o negócio da empresa (Drucker, 1962). Em outras palavras, na APO as decisões são compartilhadas entre as partes. Chiavenato (1983) descreve as características da APO da seguinte forma:

- **Superiores e subordinados** definem juntos os objetivos organizacionais.
- Cada setor deve **estabelecer seus objetivos**.
- Deve haver **interligação entre os objetivos** de cada setor da organização.
- Há **constante elaboração de planos** estratégicos e operacionais, de modo a mensurar e controlar os processos.
- **Todos devem participar**, principalmente as chefias.
- Deve haver apoio de **assessorias especializadas** na implantação dos processos.

Apesar da contribuição da APO para a abordagem neoclássica e as organizações em geral, ela também recebeu críticas de vários estudiosos. Chiavenato (2003) alerta que o seu uso não é mágico, pois, para que se desenvolva, é preciso:

- apoio e participação dos superiores;
- compreender que ela não resolve todos os problemas;
- evitar a fixação em objetivos quantificáveis;
- não utilizá-la em setores isolados;
- considerar o contexto do grupo;
- manter constante controle e autoavaliação;
- equilibrar os objetivos individuais e organizacionais.

Lodi (1972) critica os abusos e a condução equivocada da APO. Esses excessos ocorrem quando as empresas falham em definir os seus objetivos e em elaborar planos – elas querem resultados imediatos e por isso falham ao tomar providências para revisar ou atualizar seus processos. Por essas razões, ao utilizar a APO, o processo democrático pode não ocorrer, resultando na coerção sobre os subordinados, na aprovação de objetivos incompatíveis, no excesso de "papelada", na busca por resultados mais fáceis em detrimento dos mais importantes e no estabelecimento de objetivos que pouco agregam para a organização.

Estudo de caso

Na 3M, quem dá as ordens é o cliente

Você conhece o *post-it*, aquele bloquinho de recado autoadesivo? É a 3M que faz. Já viu os dilatadores nasais que os desportistas usam para melhorar o desempenho? É a 3M que faz. E o protetor de telas do seu computador, a esponja de cozinha, a fita adesiva que prende a fralda do bebê? Também a 3M.

Com mais de 25.000 produtos no mercado nacional, a subsidiária brasileira da 3M (sigla para *Minnesota Mining and Manufacturing Company*) foi eleita a melhor empresa do Setor de Química e Petroquímica em 1998 por melhores e maiores da revista *EXAME*.

Com um faturamento anual de US$ 542 milhões, a empresa teve 17,3% de rentabilidade do patrimônio. A diretoria não esperava tal desempenho, porque a 3M estava no meio de um processo de reestruturação. Para se tornar mais competitiva, criou um projeto batizado de *transformação*. O objetivo? Colocar foco no cliente e modificar seus processos. Antes, as áreas de negócios eram divididas por produtos. Um cliente que comprasse mais de um item do catálogo era obrigado a falar com diferentes vendedores e receber várias encomendas.

Agora, os grandes clientes, responsáveis por 90% do faturamento da empresa, são atendidos por um único grupo de vendedores. E os pequenos e médios clientes passaram a comprar de distribuidores. Além disso, a 3M passou a se organizar por setores de mercado (Automotivo, Saúde, Telecomunicações etc.) para identificar necessidades e antecipar soluções.

Ou seja, criar oportunidades de negócios em vez de desenvolver ideias e depois ir atrás de alguém para comprá-las. Mesmo a organização por equipes e o modelo adhocrático[1] não conseguiram substituir inteiramente os critérios de departamentalização dos autores neoclássicos. O próprio nome – departamento ou divisão ou unidade organizacional – ainda prevalece, apesar de todo o progresso na teoria administrativa. A empresa avaliava o seu desempenho por índices internos. "Se 98% dos pedidos do dia eram despachados, estava ótimo. Isso não significa mais nada para nós", diz o presidente da 3M. O que importa agora é que o cliente receba a mercadoria como e quando ele quiser.

Por que a 3M mudou seu modo de trabalhar? "Porque precisamos desenvolver tecnologias que tenham uma utilidade prática para o nosso cliente", diz o presidente. "Por isso, criamos um ambiente que permite o aprendizado contínuo. O trabalho em equipe foi estimulado, o banco de dados unificado e a comunicação interna fortalecida". Além disso, as diversas áreas da empresa tiveram de se integrar. Todos os 2.800 funcionários – do chão da fábrica aos executivos – receberam treinamento.

Com jogos simples de simulação, cada um pôde ver como sua função afeta os resultados financeiros da empresa. Para melhorar a competitividade, a 3M também investiu pesadamente em tecnologia. As mudanças na empresa se somam a outras estratégias que a 3M mundial mantém para continuar sendo o mais inovadora possível. Como forma de estimular a criatividade, todos os funcionários têm 15% de seu tempo de trabalho livre para fazer o que quiserem, sem precisar apresentar resultados. Mundialmente, a empresa aplica cerca de 6,5% de sua renda total (US$15 bilhões)

---

[1] Segundo Chiavenato (2011), adhocracia é "uma estrutura flexível capaz de moldar-se contínua e rapidamente às condições ambientais em mutação".

> em pesquisa e desenvolvimento de novos produtos Motivo: 30% do faturamento deve decorrer de produtos criados nos quatro anos anteriores. A 3M é uma das empresas mais inovadoras do mundo: um produto novo e diferente a cada três dias, em média cerca de 6,5% de sua renda total (US$15 bilhões) em pesquisa e desenvolvimento de novos produtos.

FONTE: Adaptado de Chiavenato, 2003, p. 224

Síntese

Com os estudos de Hawthorne em oposição à teoria clássica, novas descobertas sobre os fatores que afetam a produtividade vieram à tona, resultando em novas pesquisas, que culminaram na ampliação da visão sobre o fenômeno organizacional. Embora os resultados isolados dessas pesquisas não respondam a todo fenômeno, suas contribuições forneceram elementos importantes para a compreensão da organização.

Devemos lembrar que, de acordo com os autores mencionados neste capítulo, a grande contribuição da **teoria das relações humanas** foi a descoberta da organização informal – ainda que até os dias atuais não se compreenda completamente o seu funcionamento e a sua influência sobre o comportamento administrativo.

Já a **abordagem neoclássica**, como vimos, parte da ideia de que é no ambiente que a organização deve atuar: só assim é possível maximizar os seus resultados, sempre por meio de adaptações constantes. Nessa perspectiva, as organizações agem isoladas uma das outras em seu próprio ambiente, objetivando maximizar o lucro como receita monetária líquida, por meio do uso da racionalidade no processo de decisões.

A abordagem neoclássica contribuiu para que os princípios da teoria da administração fossem repensados sob um olhar mais crítico, em busca de novas tecnologias administrativas voltadas para a eficiência, a eficácia e a efetividade das organizações.

Destacamos também a administração por objetivos (APO) – desenvolvida por Peter Drucker – e a importância dela no gerenciamento das organizações atuais.

Questões para revisão

1. Explique o que é o efeito Hawthorne.

2. Considerando duas características da teoria clássica e duas da teoria das relações humanas simultaneamente, assinale a alternativa correta:
   a) A visão de estrutura mecânica e impessoal, o comportamento oriundo de regulamentos e a remuneração focada nos incentivos psicossociais e nos resultados tornam o trabalhador feliz e produtivo.
   b) A visão como sistema social, o comportamento oriundo de regulamentos e a remuneração focada nos incentivos psicossociais e nos resultados tornam o trabalhador feliz e produtivo.
   c) A visão de estrutura mecânica e impessoal, o comportamento oriundo de regulamentos e a remuneração focada nos incentivos monetários e nos resultados tornam o trabalhador feliz e produtivo.

d) A visão de estrutura mecânica e impessoal, o comportamento oriundo dos sentimentos e das atitudes e a remuneração focada nos incentivos psicossociais e nos resultados tornam o trabalhador feliz e produtivo.
e) Nenhuma das alternativas anteriores está correta.

3. Indique a alternativa correta sobre as principais características da abordagem neoclássica:
   a) Ênfase na teoria administrativa, reafirmação dos postulados clássicos, ênfase nos princípios gerais da administração e nos objetivos e resultados.
   b) Ênfase na prática administrativa, reafirmação dos postulados clássicos, ênfase nos princípios gerais da administração e nos objetivos e resultados.
   c) Ênfase na teoria administrativa, reafirmação dos postulados clássicos, ênfase nos princípios específicos da administração e nos objetivos e resultados.
   d) Ênfase na prática administrativa, reafirmação dos postulados clássicos, ênfase nos princípios específicos da administração e nos objetivos e resultados.
   e) Nenhuma das alternativas anteriores está correta.

4. Indique a alternativa correta sobre eficiência e eficácia, simultaneamente:
   a) Fazer corretamente as coisas, cumprir as tarefas necessárias, solucionar problemas, minimizar a utilização dos recursos, orar.
   b) Fazer as coisas certas, cumprir as tarefas necessárias; solucionar problemas, minimizar resultados, ganhar o céu.
   c) Fazer as coisas certas, cumprir as tarefas necessárias; solucionar problemas, otimizar a utilização dos recursos, orar.

d) Fazer corretamente as coisas, cumprir as tarefas necessárias, solucionar problemas, otimizar a utilização dos recursos, ganhar o céu.

e) Nenhuma das alternativas anteriores está correta.

5. Discorra sobre as características da administração por objetivos (APO).

Questão para reflexão

Assista ao vídeo indicado a seguir e escreva sobre os pontos que mais lhe chamaram a atenção. Reflita e compare com o que acontece em seu ambiente de trabalho.

KURAMA, A. **Experiências de Hawthorne**. Disponível em: <https://www.youtube.com/watch?v=KOGrcLx5W-g>. Acesso em: 13 jun. 2014.

5

Abordagem estruturalista da administração

Conteúdos do capítulo

- A origem do estruturalismo.
- As premissas do estruturalismo.
- Análise crítica do estruturalismo.

Após o estudo deste capítulo, você será capaz de:

1. compreender a visão integrativa do estruturalismo com as teorias clássica e das relações humanas;
2. apreender os principais conceitos dessa metodologia.

Neste capítulo, vamos estudar o estruturalismo, sua origem e as contribuições que recebeu de outros estudos. Analisaremos também a crítica realizada por outros estudiosos, que enfatizaram as lacunas deixadas por esse método.

5.1 A origem do estruturalismo

Segundo Motta e Vasconcelos (2002, p. 132), "o Estruturalismo, método desenvolvido da linguística, invadiu posteriormente as demais áreas do conhecimento social". O termo *estruturalismo* se origina do latim *structura*, que significa "arranjo", "disposição" ou "construção". Teve origem nos estudos linguísticos, em 1916, com o linguista suíço Ferdinand de Saussure (1857-1913).

O procedimento de Saussure consistia em estudar a língua como um conjunto de elementos entre os quais se estabeleciam relações formais. O estruturalismo, nas ciências sociais, desenvolve-se como um método para apreensão de novos fatos. Ele tem finalidade predominantemente prática, e não teórica.

> O estruturalismo não é uma teoria; ele é um método transposto por Claude Lévi-Strauss (1908-2009) da linguística para as ciências sociais, ainda que de maneira exitosa. Esse método se estendeu para áreas como economia, psicologia, sociologia e administração. Sua base é a integração dos elementos em uma totalidade, ideia compartilhada pela teoria dos sistemas.

Amitai Etzioni (1929-) – alemão, doutor pela Universidade da Califórnia, em Berkeley – foi o principal estudioso dessa escola, segundo Caravantes, Panno e Kloeckner (2008). Etzioni integrou a sociologia à economia neoclássica. Essa abordagem emergiu na década de 1950, buscando conciliar as conclusões dos estudos da teoria clássica com os da teoria das relações humanas. Nessa época, os estudiosos buscavam a melhor forma de inter-relacionar as organizações com o ambiente no qual estão inseridas.

Para Etzioni (1974), as teorias da administração científica e das relações humanas eram, em certos aspectos, opostas. O estruturalismo advém como uma **síntese** dessas duas teorias, tendo sido influenciado, principalmente, pela escola das relações humanas. Esses estudiosos concordavam que o conflito entre os interesses organizacionais e individuais eram inevitáveis. Assim, eles entendiam que o conflito nunca seria eliminado: ele poderia ser, no máximo, amenizado (Caravantes; Panno; Kloeckner, 2008).

No estruturalismo, para Stoner e Freeman (1985), a organização é entendida como um sistema aberto, em constante relação com o ambiente e com outras organizações. Seu epicentro é o conceito de *estrutura* – compreendido como um todo composto por partes que se inter-relacionam. No entanto, o todo é maior do que a soma das partes – em outras palavras, os sistemas organizacionais não são a mera justaposição das partes: eles são um conjunto formal de dois ou mais elementos e permanecem inalterados na diversidade de conteúdos, ou seja, a estrutura mantém-se compacta mesmo com a alteração de um de seus elementos ou relações.

A mesma estrutura pode ser apontada em diferentes áreas. Além disso, a compreensão das estruturas fundamentais, em alguns campos de atividade, permite o reconhecimento destas em outros campos. A estrutura também pode ser uma combinação intencional de pessoas e de tecnologias com a finalidade de atingir um determinado objetivo. De modo geral, sua meta é estabelecer um **equilíbrio** entre as variáveis racionais e não racionais do comportamento humano.

O estruturalismo ampliou o **campo de análise** para novos temas e novos tipos de organizações. Ele considera temas como: conflito, alienação e poder, organização formal e informal, recompensas materiais e simbólicas e o alcance dos grupos informais. Além disso, afora as organizações industriais, outras poderiam igualmente ser analisadas: hospitais, prisões, universidades, exército, clubes, ordens religiosas e associações. É possível afirmar também que o estruturalismo leva em conta, além das organizações formais e informais, diversos tipos de sistemas.

A palavra *sistema* é essencial para os estudos organizacionais, em especial para o método em pauta, porque o estruturalismo é fundamentado na visão de que a organização é um organismo vivo composto de vários subsistemas. É importante que você compreenda desde já a abrangência desse conceito. Para Motta e Vasconcelos (2002), as organizações são compreendidas como *sistemas abertos*, ideia difundida pelos estudos de Ludwig Von Bertalanffy (1901-1972), biólogo e estudioso sociotécnico que desenvolveu importantes estudos em meados do século XX. O conceito de *sistema* já é utilizado há muito tempo em áreas como biologia, sociologia, psicologia e ciências sociais.

Sistemas são formados por partes inter-relacionadas. O todo, no entanto, apresenta-se como algo a mais do que a soma das partes, visto que tem propriedades que as partes não possuem, ao mesmo tempo em que as propriedades do todo explicam as partes.

A partir do conceito de *sistemas*, podemos compreender com maior clareza os fatos que originaram o desenvolvimento do estruturalismo (Motta; Vasconcelos, 2002):

- **Oposição** entre as teorias clássica e das relações humanas.
- **Necessidade de compreender as organizações como um organismo social complexo**, dentro do qual prevalece a dinâmica da interação entre grupos, os quais compartilham os mesmos objetivos, muitas vezes com diferentes formas de distribuição dos lucros.
- O domínio da ideia de um **fluxo ininterrupto** de inter-relação das partes com o todo no novo conceito de *estrutura*.

Motta e Vasconcelos (2002, p. 162) mencionam que os estruturalistas "veem a organização como um sistema deliberadamente construído e em constante relação de intercâmbio com seu ambiente. A organização constitui uma parte de um sistema maior que está integrado ao sistema social". Nesse contexto, o estruturalismo propõe a noção de **homem organizacional**, em oposição ao homem econômico da teoria clássica e ao homem social da teoria das relações humanas.

Para os autores (Motta; Vasconcelos, 2002), o homem organizacional apresenta as seguintes características:

- Tem **flexibilidade** para lidar com as constantes mudanças e papéis desempenhados.
- Sabe lidar com **frustrações**.
- **Adia recompensas** no presente para obtê-las no futuro.
- Mantém permanente **vontade de realização**.
- Participa simultaneamente de **vários sistemas sociais**.
- Tem a capacidade de **mudar**, pois é um ser político, capaz de agir estrategicamente para atingir metas;
- Age movido por seus **objetivos organizacionais** em busca de recompensas materiais e sociais.

Dentro de uma visão sistêmica, segundo Motta e Vasconcelos (2002), o comportamento do homem organizacional tem limites de ação consideráveis. Vale ressaltar que o conceito de *sistema* se originou na biologia, com enfoque em organismos cujos comportamentos são previsíveis. Desse modo, a noção de sistemas precisou ser adaptada ao ser transposta para as organizações conforme as características do homem administrativo (lembrando que o comportamento humano não é previsível) –, uma vez que suas conclusões são mais relativas e imprevisíveis, porque consideram a integridade do contexto e do comportamento humano nas organizações atuais.

Apesar dessa limitação, continua sendo verdade que o homem organizacional age racionalmente (nem sempre de forma consciente) em busca de seus objetivos. Vivemos em uma sociedade composta por organizações e, sendo assim, passamos a maior parte de nossa existência nelas inseridos. Em um mundo globalizado, as organizações requerem características específicas – personalidades flexíveis e resistentes às frustrações são necessárias na realização de grandes empreendimentos. Por isso, adaptamo-nos a essa realidade, moldando nossos comportamentos. Portanto, eis o que somos: homens organizacionais.

Passaremos agora à descrição das contribuições dessa abordagem para as organizações.

5.2 Contribuições do estruturalismo para o estudo das organizações

Apesar de seus limites, segundo Motta e Vasconcelos (2002), esse método forneceu inúmeras contribuições para os estudos sobre as organizações, entre as quais se destacam:

- Compreensão da racionalidade limitada.
- Elementos formais e informais das organizações.
- Níveis hierárquicos.
- Recompensas materiais e sociais.
- Dinâmica da organização com o ambiente.
- Noção de sistema e correlações derivadas.

O estruturalismo é uma síntese das teorias clássica, das relações humanas e burocrática. Todavia, certas conclusões não se comprovaram eficientes na prática organizacional. Alguns pesquisadores realizaram análises e estudos buscando demonstrar os limites desse método e, desse modo, foram capazes de agregar mais conhecimentos e discernimentos sobre o comportamento e a dinâmica das organizações.

O quadro a seguir nos mostra as críticas de alguns autores a respeito da disfunção burocrática – sistema explicado na Seção 3.1: "A evolução das organizações" – e as formas de resolução indicadas pelo estruturalismo.

Quadro 5.1 – Críticas do estruturalismo à burocracia e suas contribuições

Estudiosos	Implicações do estruturalismo e a disfunção burocrática
Max Weber (1864-1920)	**Racionalidade instrumental** – Dinâmica entre meios e fins, cálculo utilitário de consequências. **Influência na ação humana** – Somos limitados por nossas crenças e nossos valores quando decidimos; é difícil sermos imparciais. **Predominância da lógica racional sobre a intuição. Distância entre formal e informal** – Formal: racionalidade e cálculo; informal: efeitos disfuncionais por causa das emoções.

(continua)

(Quadro 5.1 – continuação)

Estudiosos	Implicações do estruturalismo e a disfunção burocrática
Robert King Merton (1910-2003)	**Rigidez burocrática** – Traz rigidez e ineficácia à estrutura organizacional, pois toda ação organizacional envolve questões contraditórias (paradoxo) – para cada ação há efeitos secundários, não desejados ou não previstos (racionalidade limitada); para cada efeito positivo, há uma consequência que contraria as expectativas dos administradores. **Personalidade burocrática** – A disfunção burocrática ocorre porque o administrador que se apega obsessivamente às regras tende a desenvolver um comportamento obsessivo – ser um fim em si mesmo, e não um meio para o sucesso organizacional. **Conflito** – As contradições, as disfunções e o apego excessivo às regras ou a liberdade em demasia produzem tensões e conflitos nas organizações. **Posição hierárquica** – Conforme a posição da pessoa na hierarquia da organização e o grupo a que pertence, pode haver rápido (funcional) ou lento (disfuncional) crescimento profissional.
Alvin Ward Gouldner (1920-1980)	**Falsa burocracia** – Há regras que não interessam a ninguém nas organizações: elas apenas existem para constar em papéis e são desobedecidas diariamente. **Burocracia representativa** – São as regras seguidas e reforçadas que interessam a todos os integrantes da organização. **Burocracia autocrática** – São as regras que um grupo impõe a outros grupos. Quando os administradores criam suas regras pessoais, eclodem conflito e desconfiança. **Conflito** – Trata-se de um fenômeno característico quando não há unanimidade nas organizações. Quanto maior a burocratização, maior a resistências das pessoas à estrutura organizacional.

(Quadro 5.1 – continuação)

Estudiosos	Implicações do estruturalismo e a disfunção burocrática
Phillip Selznick (1919-2010)	Os dilemas entre ação e discurso, participação e escolhas seletivas dos gestores, forças do meio ambiente que levam a organização a se ajustar constantemente e a força de **cooptação** (informal, provocada pela luta de poder e formação de alianças; e formal, relacionada à legitimação das relações da cooptação informal) causam as disfunções burocráticas que, por sua vez, geram os conflitos organizacionais.
Michel Crozier (1922-2013)	A centralização do poder, as regras impessoais e a estratificação das pessoas em grupos homogêneos e fechados provocam comportamentos viciosos que impossibilitam mudar o sistema. Isso provoca problemas de relacionamento e jogos de poder.
Peter Michael Blau (1918-2002)	O tipo de comportamento burocrático ideal é mera ficção. As regras formais são desobedecidas no cotidiano do trabalho. Não existe **impessoalidade**, ou seja, a pessoalidade permeia nossas organizações. A cultura da organização e o grupo informal afetam o comportamento de seus integrantes e as decisões que não são imparciais. Há uma enorme distância entre planejamento e iniciativa para execução.
Victor Charles Thompson (1885-1968)	O desequilíbrio burocrático (disfunção do tipo ideal) se dá pelo aumento do conflito entre a capacidade e a autoridade, devido à incapacidade de desenvolver e manter a inovação em organizações burocráticas – a tendência é que elas parem no tempo e não inovem.

(Quadro 5.1 – conclusão)

Estudiosos	Implicações do estruturalismo e a disfunção burocrática
Amitai Etzioni (1929-)	Estabelecimento de uma **tipologia da organização burocrática**, classificada em quatro tipos: **1. Organizações burocráticas coercitivas** – A coerção (como prêmios e punição) é o principal meio para controlar seus integrantes (campos de concentração, prisões e instituições correcionais, por exemplo). **2) Organizações burocráticas utilitárias** – O principal controle do participante ocorre por meio da remuneração, incentivos e benefícios econômicos (comércio e indústria). **3) Organizações burocráticas normativas** – O controle dos integrantes se dá por meio das regras e da internalização da cultura da organização como legítima, bem como da moral e da ética (hospitais, organizações religiosas e universidades). **4) Organizações burocráticas híbridas** – Misturam os tipos de controle (sindicatos e unidades de combate).

FONTE: Elaborado com base em Etzioni, 1974; Motta, 1975; Motta; Vasconcelos, 2002.

Os estruturalistas rejeitavam a existência de harmonia de interesses entre empregador e empregado, conforme acreditavam as teorias clássica e das relações humanas. Ambas excluíram ou negaram a existência do conflito, o que é incoerente com a natureza humana, pois por meio dos conflitos é que se promove o desenvolvimento.

Conflitos são ideias, sentimentos, atitudes e interesses causados sempre que não há concordância entre os homens. Sob essa visão, pode-se atenuá-los, cooperar com a sua resolução, ceder e negociar. O conflito existe, não pode ser negado e deve ser administrado – eis a visão dos estruturalistas. O importante é identificar as fontes dos conflitos, que podem ser muitas.

Segundo Fustier (1982), as fontes dos conflitos são: interesses, recursos, percepções, valores, crenças, métodos, decisões entre linha e assessoria e visões de mundo. Para ele, os conflitos podem ser positivos, quando promovem a inovação e o desenvolvimento (negociação e solução de problemas), ou negativos, quando não agregam nada para a coletividade (boicote, guerra declarada) (Fustier, 1982). Portanto, conflito e cooperação são elementos onipresentes nas organizações, por meio dos quais é possível ajustar o sistema em busca de maior harmonia com o contexto (Fustier, 1982).

> As contribuições dos autores estruturalistas foram extremamente significativas para a teoria administrativa. O esforço para integrar conceitos das teorias clássica e das relações humanas e a visão crítica do modelo burocrático contribuiu para o desenvolvimento da abordagem sistêmica, bem como para o surgimento da teoria da contingência

Para Clegg, Kornberger e Pitsis (2011), no século XXI novas formas de organizações serão estruturadas em busca de uma menor burocracia. Elas emergem de estruturas mais horizontais, que enfocam as competências e as habilidades, ao invés de uma rígida divisão do trabalho. As novas organizações tendem também a investir na informalidade e na comunicação entre todos os níveis organizacionais.

O estruturalismo buscou resolver as disfunções burocráticas e demonstrar o comportamento do homem organizacional em toda sua especificidade. Todavia, essa abordagem não explicou todo o fenômeno organizacional, deixando lacunas que foram criticadas.

5.3 Análise crítica do estruturalismo

O estruturalismo, como já vimos anteriormente, propõe a convergência de várias abordagens. Seu foco é a organização e o meio ambiente, ou seja, o estudo de sua estrutura e de suas relações. Esse método aborda simultaneamente o conflito e a integração, o que gerou problemas de entendimento. Além disso, considera que as organizações são estruturas complexas, razão pela qual muitos autores tentaram estabelecer tipologias que acabaram criticadas por suas limitações e por sua aplicabilidade polêmica, visto que reduziam a estrutura a uma única dimensão.

Para Ferreira, Reis e Pereira (2002), a principal crítica ao estruturalismo se justifica porque, apesar de realizar uma integração entre estudos diferentes, ele não se comprovou totalmente eficiente na prática organizacional.

De acordo com Stoner e Freeman (1985) e Motta e Vasconcelos (2002), as principais críticas ao estruturalismo estão pautadas em suas próprias indagações.

O estruturalismo deu ênfase mais às **patologias organizacionais** do que ao funcionamento normal das organizações complexas. Além disso, ele expressa uma teoria para a transição e a mudança, apesar de não propor definições apropriadas de todos os componentes delas – uma vez que os estruturalistas não conseguiram demonstrar como ocorre a mudança.

Finalizamos esse assunto comparando os principais aspectos dos diferentes estudos desenvolvidos até aqui, a fim de que você possa relembrar e visualizar as diferenças existentes entre eles.

QUADRO 5.2 – Comparação entre as teorias clássica, das relações humanas, burocrática e estruturalista

Clássica	Das relações humanas	Burocrática	Estruturalista
Organização formal.	Organização informal.	Organização formal.	Sistema social construído deliberadamente.
Relação entre empregador e empregado por identidade de interesses.	Relação entre empregador e empregado por identidade de interesses.	Não há conflito. Prevalecem os objetivos organizacionais.	Conflitos inevitáveis e até desejáveis, solução por negociação.
Sistema de incentivos monetários.	Sistema de incentivos sociais.	Incentivos materiais e salariais.	Sistema de incentivos monetários e sociais.
Homem econômico.	Homem social.	Homem organizacional.	Homem organizacional.
Máximos resultados.	Máximos resultados.	Máxima eficiência.	Resultados satisfatórios.

FONTE: Elaborado com base em Stoner; Freeman, 1985; Motta; Vasconcelos, 2002.

Síntese

É inegável a contribuição do estruturalismo, em especial pela consolidação das teorias decisórias e da racionalidade limitada, pela inter-relação demonstrada entre a organização formal e informal e pela importância das recompensas e incentivos sociais no mundo do trabalho. No quadro a seguir, sintetizamos o comportamento administrativo nas organizações atuais, com enfoque no estruturalismo.

QUADRO 5.3 – Enfoque explicativo do estruturalismo

Teorias das decisões e racionalidade limitada	Estruturalismo.
Sistema cooperativo racional	Sistema social deliberadamente construído.
Conflitos possíveis e negociáveis	Conflitos inevitáveis e, muitas vezes, desejáveis.
Incentivos mistos	Incentivos mistos.
Quem decide	Homem organizacional.
Resultados satisfatórios	Resultados satisfatórios.

Fonte: Adaptado de Motta; Vasconcelos, 2002.

Questões para revisão

1. O que são sistemas?

2. Considerando as características do homem organizacional, assinale a alternativa **incorreta**:
    a) Apresenta flexibilidade e vontade de realização, sabe lidar com frustações, participa simultaneamente de vários sistemas sociais, age movido por seus objetivos organizacionais.
    b) Apresenta flexibilidade e vontade de realização; sabe lidar com frustações; adia recompensas no presente para obtê-las no futuro; age movido por seus objetivos organizacionais.
    c) Apresenta flexibilidade e vontade de realização; sabe lidar com frustações; participa simultaneamente de vários sistemas sociais; tem a capacidade de mudar, pois é um ser político, capaz de agir estrategicamente para atingir suas metas.

d) Apresenta flexibilidade e vontade de realização; sabe lidar com frustações; participa simultaneamente de vários sistemas sociais; tem permanente vontade de realização.
e) Nenhuma das alternativas anteriores está correta.

3. Indique a alternativa correta sobre o estruturalismo:
   a) Há predominância de incentivos mistos em busca de resultados satisfatórios. Os conflitos são inevitáveis e muitas vezes desejados e a visão de homem é o homem organizacional.
   b) Há predominância de um sistema social deliberadamente construído em busca de resultados ótimos. Os conflitos são inevitáveis e muitas vezes desejados e a visão de homem é o homem organizacional.
   c) Há predominância de incentivos mistos em busca de resultados satisfatórios. Os conflitos são inevitáveis e muitas vezes desejados e a visão de homem é o homem administrativo.
   d) Há predominância de incentivos mistos em busca de resultados satisfatórios. Os conflitos não existem e a visão de homem é o homem administrativo.
   e) Nenhuma das alternativas anteriores está correta.

4. Quais são as tipologias da organização burocrática de Amitai Etzioni?

5. Indique a alternativa correta sobre conflitos para os estruturalistas:
   a) O conflito existe, não pode ser negado e não deve ser administrado. O importante é identificar as fontes dos conflitos, que geralmente são poucas.
   b) O conflito existe, deve ser negado e não deve ser administrado. O importante é identificar as fontes dos conflitos, que podem ser muitas.

c) O conflito existe, pode ser negado e deve ser administrado. O importante é identificar as fontes dos conflitos, que podem ser muitas.
d) O conflito existe, não pode ser negado e deve ser administrado. O importante é identificar as fontes dos conflitos, que podem ser muitas.
e) Nenhuma das alternativas anteriores está correta.

Questão para reflexão

Você conheceu até aqui os princípios das teorias clássica, das relações humanas, burocrática e estruturalista. Cada uma delas aborda a organização sob uma perspectiva individual. Utilizando o Quadro 5.2, relacione em quais pontos elas concordam e discordam.

Para saber mais

Em toda organização administrativa existe um sistema formal de regras e objetivos. A organização, para atingir os seus objetivos, necessita mobilizar as energias humanas. Todavia, devido à racionalidade limitada, administrá-la implica em conflitos. Considerando o que foi exposto, assista ao vídeo indicado no *link* a seguir e discorra sobre o que você considerou mais interessante. Depois, comente suas percepções com seus colegas.

SILVA, V. **Estruturalismo**: Claude Lévi-Strauss. Disponível em: <https://www.youtube.com/watch?v=wIofkD1LibA>. Acesso em: 13 jun. 2014.

6

Abordagem comportamental da administração

Conteúdos do capítulo

- Aspectos históricos da abordagem comportamental.
- Estudos contributivos ao comportamento organizacional (CO).
- Ética no CO.
- Conceitos-chave da teoria comportamental.
- A organização como sistema cooperativo.
- Aceitação da autoridade.

Após o estudo deste capítulo, você será capaz de:

1. conhecer as teorias organizacionais mais democráticas;
2. apreender os principais conceitos;
3. compreender as organizações como sistemas cooperativos;
4. refletir sobre as implicações do CO na lida com conflitos, ressaltando as ideias, a participação e o processo decisório.

Nesse capítulo trataremos da abordagem comportamental da administração, que é fundamentada em pesquisas de vários autores – os quais precisam ser mais bem conhecidos, pois forneram diversas contribuições para o processo de gerenciamento de pessoas nas organizações atuais. Também abordaremos o conceito de *ética* no comportamento dentro das organizações, já que essa questão é essencial para o profissional da atualidade, além de outros conceitos essenciais da área – em especial, a ideia de agirmos de forma cooperativa nas organizações atuais. Esses temas fornecerão uma base teórica para que você possa aprofundar seus estudos nos assuntos tratados.

6.1 Aspectos históricos da abordagem comportamental

A abordagem comportamental, ou behaviorista, tem como epicentro o comportamento organizacional (CO). Ela estuda a dinâmica das organizações e o comportamento dos grupos e indivíduos nela inseridos (Chiavenato, 1983).

Para McShane e Glinow (2013, p. 4), estudar o CO é tratar "do que as pessoas pensam, sentem e fazem dentro e ao redor das organizações".

Para Kinicki e Kreitner (2006), essa área é um campo de estudos interdisciplinares que busca compreender como gerenciar pessoas nas organizações. Ele deve ser orientado simultaneamente à pesquisa e à prática, considerando os níveis individual, grupal e organizacional. Por isso, o estudo do CO abrange um conjunto de várias disciplinas, como Psicologia, Psicologia Social, Administração, Sociologia, Teoria da Organização, Estatística, Teoria Geral dos Sistemas, Antropologia, Economia, Informática, Ciência Política, Psicometria, Ergonomia, Aconselhamento Vocacional, Gerenciamento de Estresse e Saúde Ocupacional, Teoria Decisória e Filosofia (ética e moral).

O CO, segundo Wagner III e Hollenbeck (1999, p. 6), é "o campo de estudo voltado a prever, explicar, compreender e modificar o comportamento humano no contexto das empresas".

Os estudos focam os comportamentos observáveis, como a comunicação e as atividades no trabalho. O comportamento é encaminhado em três níveis: do **indivíduo** (pela psicologia e pela pesquisa comportamental); do **grupo** (pela psicologia social e pela sociologia interacionista); e da **organização** (de forma sistêmica pela sociologia estrutural, pela antropologia e pela ciência política).

Assim, constata-se a amplitude e a abrangência do estudo do comportamento humano – razão pela qual todo administrador deve aprofundar seus conhecimentos de forma contínua.

O estudo do CO possui muitas perspectivas e é por isso que tantas disciplinas contribuem para tentar compreendê-lo com maior acuidade. Todos os autores concordam que é essencial conhecer a perspectiva histórica do CO, pois isso possibilita o aprimoramento da visão do presente e otimiza as ações organizacionais no trato de pessoas – o que por certo contribuirá para o sucesso organizacional.

Vamos examinar, agora, o contexto do qual emerge a teoria comportamental (e, de certa forma, a administração como um todo), considerando Chiavenato (1983), Wagner III e Hollenbeck (1999), Kinicki e Kreitner (2006) e McShane e Glinow (2013).

- No final do século XIX emergiu a teoria clássica da administração, segundo a qual o comportamento humano estava totalmente voltado ao atendimento dos objetivos das organizações. Depois, surgiram os pressupostos da teoria das relações humanas, que tinha o foco nas pessoas – ainda que de forma ingênua, como se suas reações fossem de causa e efeito. As grandes contribuições desses estudos foram: a descoberta da organização informal, o reconhecimento de que as pessoas têm interesses individuais e buscam satisfazê-los no mundo do trabalho e a aceitação da existência dos conflitos e sua posterior gestão. A teoria comportamental realiza uma junção dessas duas teorias.
- A influência da sociologia e da antropologia foi um elemento importante para todas as ciências sociais do século XX. Tais ciências ajudaram a ampliar a visão organizacional e a interação grupal, revelando com clareza a inconsistência prática do modelo da máquina proposto pela teoria burocrática.

- Os estudos de Herbert Alexander Simon apontaram um novo panorama para a administração, em especial com a publicação do livro *Comportamento administrativo* (1947), que trata sobre o comportamento dos processos de decisão.
- Os estudos de Mary Parker Follett e Elton Mayo – com seu sistema de aconselhamento a gerentes e funcionários, o qual aborda as necessidades emocionais destes – continuam sendo até hoje amplamente utilizados. Follett foi quem desenvolveu a visão da necessidade lógica entre a existência de uma democracia e o espírito de cooperação nas relações de trabalho. Nos dias atuais, são desenvolvidos programa de integração interpessoal fundamentados em seus princípios.
- Outro marco que reforçou a necessidade e a importância do estudo do CO foi a **gestão da qualidade total**. O consenso entre os autores dessa área é que qualidade se constrói com pessoas. William Edwards Deming (1900-1993), considerado o pai da qualidade total, exigia treinamento continuado das técnicas e dos processos de trabalho, controle estatístico, liderança em vez de punição, eliminação do medo e permissão ao questionamento, aprimoramento contínuo em detrimento de cotas numéricas, trabalho em equipe (o maior desafio enfrentado pelas organizações atuais) e eliminação de barreiras que dificultavam o trabalho.
- A partir da invenção da máquina a vapor, por James Watt (1736-1819), e do descaroçador de algodão, por Eli Whitney (1765-1825), o sistema produtivo conheceu a produção em massa, que afetou a velocidade de produção nas linhas de montagem. A partir disso surgiu a necessidade

de constantes melhorias no sistema de gerenciamento de pessoas, em busca de produzir mais, com mais qualidade e menor custo.
- A abordagem contingencial da gestão de pessoas busca continuamente meios de realizar o trabalho sem priorizar uma única maneira, considerando sempre o contexto. Segundo essa abordagem, todo gerente deve compreender o CO enfocando o contexto situacional.

> Gerenciar pessoas envolve o conhecimento de muitas áreas, as quais serão exploradas em disciplinas específicas mais avançadas do seu curso. Devemos dar muita atenção a todas elas, principalmente se desejamos ocupar altos cargos nas organizações ou abrir o nosso próprio empreendimento.

McShane e Glinow (2013) nos alertam que, nas organizações, as pessoas e os grupos trabalham de forma interdependente, buscando tanto os objetivos organizacionais quanto os individuais. As organizações existem tanto em prédios (físicos) quanto sem instalações físicas (organizações virtuais). É importante lembrar também que elas são entidades coletivas, constituídas por pessoas que interagem de forma organizada em busca de objetivos afins.

Apresentamos, no quadro a seguir, a amplitude e os níveis do estudo do CO: micro, meso e macro-organizacional. Observe os temas abordados dentro de cada nível.

Quadro 6.1 – Amplitude dos níveis do estudo do CO

Níveis	Assuntos abordados
Micro-organizacional Foco no indivíduo	Gestão das adversidades e diferenças individuais. Percepções, processo de decisão, criatividade. Motivação, necessidades, aprendizagem, satisfação no trabalho, estresse, compromisso organizacional, violência no trabalho, tipo de papéis, patologias organizacionais, absenteísmo, segurança e ajuste emocional.
Meso-organizacional Foco nos grupos	Eficiência, processos de delegação, planejamento, desenvolvimento e obstáculo aos trabalhos em grupos, decisão grupal, liderança de grupos, processos decisórios, comportamento e características de líderes, gestão da inter-relação e produtividade entre grupos.
Macro-organizacional Foco na organização	Poder, conflito e negociação, fontes, reações, modelos e estruturas de poder, gestão de conflitos, padronização, departamentalização, especialização, eficácia e eficiência organizacionais, contingências estruturais, mudanças de desenvolvimento, turbulências ambientais e cultura organizacional.

Fonte: Adaptado de Wagner III; Hollenbeck, 1999.

Mas, por que é importante estudar o CO?

Para McShane e Glinow (2013), os estudos sobre CO auxiliam os gestores e as pessoas em geral a compreenderem e a dar sentido ao seu local de trabalho. Ao mesmo tempo, ajudam os indivíduos a reconstruírem continuadamente seus modelos mentais pessoais, bem como a se desenvolverem como membros de grupos – fortalecendo, assim, a sociedade.

Empresas, instituições e organizações em geral, como organismos construídos pelos homens, buscam sempre adaptar seus subsistemas internos ao ambiente de forma eficiente e eficaz, satisfazendo as partes interessadas.

Para McShane e Glinow (2013), Kinicki e Kreitner (2006) e Wagner III e Hollenbeck (1999), quando a organização compreende o comportamento de seus integrantes e promove o aprendizado de forma sistêmica, maior é a sua adaptabilidade e vantagem competitiva. Por isso, os estudiosos buscaram entender como o indivíduo age no mundo do trabalho, considerando os fatores dos níveis expressos no Quadro 6.1. Para tanto, busca-se identificar e compreender como o homem pratica o seu trabalho, em especial, como ocorre a autonomia em relação ao sistema de recompensas – o qual, por sua vez, está vinculado às competências do indivíduo, em cada um dos níveis citados.

6.2 Estudos contributivos ao comportamento organizacional (CO)

Nessa seção, vamos discorrer sobre as importantes contribuições de alguns pesquisadores para o desenvolvimento da teoria comportamental.

A escolha desses autores se deu devido à amplitude e à importância de seus estudos para o mundo das organizações e as ciências sociais aplicadas em geral.

6.2.1 Elton Mayo

O trabalho de Elton Mayo (1880-1949) e de seu grupo ficou conhecido como *estudo de Hawthorne*, conforme explicamos no Capítulo 4, sobre a teoria das relações humanas.

Para uma melhor compreensão, vamos relembrar o fato. A experiência Hawthorne objetivava inicialmente estudar a maneira como a fadiga, a rotatividade de pessoal, a iluminação, as condições e os acidentes de trabalho afetavam a produtividade dos empregados. A pesquisa foi motivada pelos conflitos contínuos entre chefes e subordinados nas fábricas e também pelo aumento do alcoolismo e da apatia entre os empregados, que tornava difícil a convivência no trabalho.

Na primeira fase da pesquisa, dois grupos de operários foram expostos a diferentes condições e iluminação – um sob luz constante e outro sob luz variável (Andrade; Amboni, 2011). Nos primeiros resultados, os estudiosos não constataram correlação direta entre as variáveis – ou seja, a iluminação não afetava a produtividade –, mas descobriram que o fator psicológico impactava mais que o fisiológico.

Na fase seguinte, foi criada uma sala experimental onde o trabalho era realizado com maior liberdade e menor ansiedade; a supervisão era branda e o ambiente, amistoso e sem pressões, proporcionando desenvolvimento social e integração do grupo.

Na terceira fase, houve um programa de entrevistas com o intuito de conhecer as opiniões e os sentimentos dos pesquisados – fase em que se descobriu a força da organização informal.

Na quarta fase, o foco foi a ánalise das relações informais entre os colaboradores. Essa fase possibilitou o estudo entre as organizações formal – que diz respeito à fábrica –, e informal – relacionada aos operários (Andrade; Amboni, 2011).

As conclusões da experiência de Hawthorne, de acordo com Chiavenato (1983), foram:

- O nível de produção é resultante da **integração social**.
- O comportamento do indivíduo está apoiado totalmente no **grupo**.
- As recompensas e as sanções sociais simbólicas e imateriais influenciam decisivamente a **motivação** e a felicidade do trabalhador. A motivação econômica é secundária na determinação da produção do empregado.

- São os **grupos informais** que definem as regras de comportamento, as formas de recompensas ou de sanções sociais, bem como as punições, os objetivos, a escala de valores sociais, as crenças e as expectativas.
- As **relações humanas** são pautadas em ações e atitudes desenvolvidas pelo contato entre as pessoas e o grupo, de forma que haja um ambiente onde cada indivíduo é encorajado a exprimir-se livre e sadiamente.
- O **conteúdo do cargo** e a **natureza do trabalho** têm enorme influência sobre o moral do trabalhador, tornando-o produtivo ou desmotivado.
- Os **elementos emocionais e irracionais** do comportamento humano devem ser considerados dentro da organização.

A partir desse estudo, a organização passou ser compreendida para além dos processos puramente formais e mecanicistas e o indivíduo tornou-se integrante participativo nos processos organizacionais. Segundo McShane e Glinow (2013), estudos posteriores demonstraram que a relação entre trabalhador e trabalho envolve muitas e variadas combinações de comportamentos.

Os autores mencionam que as descobertas realizadas por Mayo foram importantes, mas seus pressupostos de "homem feliz e produtivo", desde que suas necessidades sejam atendidas, foram considerados ingênuos e inverídicos. Devemos ressaltar que isso não invalida esses estudos, afinal, Mayo descobriu a existência da organização informal e suas pesquisas auxiliaram no desenvolvimento de reflexões e análises mais elaboradas.

6.2.2 Kurt Lewin

Kurt Lewin (1890-1947) foi reconhecido pela cientificidade de seu trabalho e pela sua decisiva contribuição – que mudou o rumo da ciência social no século XX.

Seu trabalho ajudou a elevar o estágio especulativo das ciências sociais – possibilitando sua aplicação na busca de dados e subsidiando a formação de teorias mais sólidas, principalmente sobre o comportamento humano. Lewin se preocupou com a estruturação de uma metodologia científica visando obter uma ciência do comportamento que pudesse promover constantes avanços em busca da verdade.

Seus estudos também abarcaram o funcionamento e a dinâmica grupal. Em 1945, Lewin fundou o Research Center for Group Dinamics (Centro de Pesquisa de Dinâmica de Grupo) do Instituto de Tecnologia de Massachusetts (MIT). Por isso, ele é considerado o fundador da escola da dinâmica de grupo.

A teoria elaborada por Lewin (1973), intitulada *campo psicológico de forças*, indicava que as mudanças do comportamento humano em relação às normas e aos regulamentos estão condicionadas ao sistema perceptivo que cada pessoa tem de si mesma e ao ambiente psicológico em que está inserida. Em sua teoria de campo, Lewin (1973) considerou que:

- O comportamento humano está vinculado à coexistências dos fatos, pois estes criam um **campo dinâmico**, cujas partes são interdependentes. O comportamento depende da estruturação desse campo no momento presente.
- O campo dinâmico considera a **totalidade dos fatos**. Cada pessoa se comporta de acordo com sua percepção, em busca da melhor lida com o ambiente enquanto participa da família, da escola, do trabalho ou da igreja.

- Os comportamentos estão vinculados às **características pessoais** do indivíduo e ao **contexto** no qual ele está inserido.

Para Lewin (1973), a mudança é um processo dinâmico, ou seja, um campo de força que direciona o comportamento. Por exemplo: se pretendemos que um grupo de funcionários altere sua forma de trabalho, com o objetivo de melhorar seu desempenho, devemos considerar que sempre haverá forças que promovem essa mudança e outras que resistem a ela.

Segundo o autor, o processo de mudança de comportamento requer:

- aumento das **forças propulsoras** de mudança;
- redução das **forças restritivas**, as quais podem aumentar a resistência às mudanças;
- **mudança** de certas situações, de modo que as forças restritivas se transformem em agentes propulsores de mudança.

Entretanto, o mais difícil é possibilitar aos indivíduos que abandonem suas costumeiras formas de ação. Para isso, Lewin (1973) propôs os seguintes procedimentos:

- **Descongelar** – Desequilibrar o estado atual das coisas que se deseja mudar. Estabelecer outras metas e outras formas de comportamento, explicitando as razões da mudança e as vantagens que os envolvidos podem obter por meio dela.
- **Mover** – Promover que o comportamento indesejado não se repita. Para isso, o autor sugere o envolvimento das pessoas em treinamentos e o estabelecimento de sistemas de benefícios a fim de estimular a mudança desejada.
- **Recongelar** – Eleger um novo comportamento como natural, premiando aqueles que mudarem para evitar que os outros retornem ao comportamento anterior.

Lewin (1975) desenvolveu a **pesquisa-ação**, uma metodologia que muitos gestores utilizam – ainda que desconheçam os nomes dela ou de seu criador. A pesquisa-ação é um ciclo que busca promover a mudança, de forma controlada, e acompanhar o seu desenvolvimento.

FIGURA 6.1 – Ciclo da pesquisa-ação

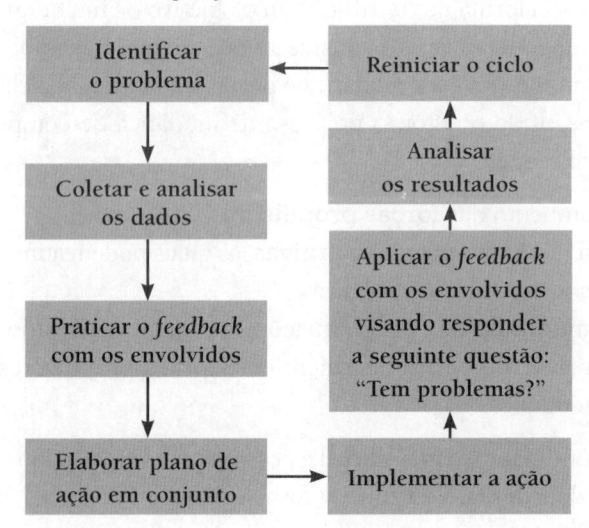

```
   Identificar  ←──  Reiniciar o ciclo
   o problema
        ↓                    ↑
                        Analisar
   Coletar e analisar  os resultados
       os dados
        ↓                    ↑
                    Aplicar o feedback
                    com os envolvidos
   Praticar o feedback  visando responder
   com os envolvidos    a seguinte questão:
                        "Tem problemas?"
        ↓                    ↑
   Elaborar plano de
   ação em conjunto  →  Implementar a ação
```

FONTE: Adaptado de Lewin, 1975.

O autor (Lewin, 1975) menciona as seguintes vantagens da pesquisa-ação:

- ajuda a diminuir as resistências quando se quer propor mudanças;
- enfoca a mudança com relação aos objetivos, porque a repetição e o *feedback* continuado e em tempo real evitam imprevistos e novos problemas;

- promove a mudança – lembrando que, quando ela ocorre, é lenta; assim, é possível constatar os problemas e impedir que eles retornem no futuro;
- possibilita que os envolvidos participem e avaliem a mudança do seu comportamento e as possíveis alternativas de melhorias.

6.2.3 Chester Barnard

Chester Irving Barnard (1886-1961) foi presidente da Fundação Rockefeller e do Conselho de Administração da Fundação Nacional de Ciências, além de membro da Associação Americana para Progresso da Ciência e fundador da Sociedade Bach, de Nova Jersey (Caravantes, 2000).

Sua experiência não foi obtida na academia, mas no gerenciamento de organizações complexas (Caravantes, 2000). Ele estruturou sua vivência e experiência em gerenciamento no livro *As funções do executivo,* publicado em 1938. No prefácio, ele explica que pretendia, com a obra, fornecer uma teoria global sobre o comportamento cooperativo dos indivíduos nas organizações (Barnard, 1971). No decorrer do livro, Barnard aborda os temas *comunicação, cooperação, responsabilidade, eficiência, efetividade e moral no processo de liderança.*

Caravantes (2000) menciona que Barnard passou sua vida trabalhando na American Telephone and Telegraph (ATT). Lá iniciou como funcionário do Departamento de Estatística até tornar-se presidente da Bell Telephone Company de Nova Jersey. Apesar de não ter participado dos estudos de Hawthorne, conviveu com Elton Mayo e Fritz Roethlisberger (1898-1974). Quando iniciou seu livro, os resultados dos experimentos em Hawthorne começavam a ser divulgados – lembramos que esses estudos entraram em confronto com os princípios da escola clássica de Taylor e Fayol.

Para Barnard (1971), a cooperação na organização implica desenvolver um sistema organizado e consciente entre as pessoas, que devem ter disposição para cooperar, utilizando suas habilidades de comunicação e de aceitação de propósitos. As funções do executivo devem prover e manter esse sistema cooperativo de comunicação, bem como sustentar a cooperação com as atividades organizacionais de modo a garantir a integridade e a sobrevivência da organização (Barnard, 1971).

Ele destaca ainda a importância da liderança no desenvolvimento de um **sistema de moralidade organizacional**, compreendido como ponto-chave para o desenvolvimento da cooperação organizacional.

> *Princípios morais são forças pessoais ou propensões, de um caráter geral e estável, em indivíduos que tendem a inibir, controlar ou modificar desejos específicos imediatos inconsistentes, impulsos ou interesses, e intensificar os que são compatíveis com tais propensões. Essa tendência para inibir, controlar ou modificar desejos, impulsos e interesses imediatos inconscientes e reforçar os conscientes é mais uma questão de sentimento, sensibilidade, emoção, compulsão interna, do que uma questão de processos racionais ou deliberação, embora em muitos casos tais tendências sejam sujeitas a racionalização e ocasionalmente a processos lógicos. Quando a tendência é forte e estável, existe a condição de responsabilidade.* (Barnard, 1971, p. 252)

A visão de Barnard é contemporânea, frisando um tema muito discutido nos dias atuais – a ética. A ética é o que governa a ação dos indivíduos, fundamentada na autodisciplina individual, qualidade vinculada ao comportamento de uma liderança sadia.

Na visão de Barnard (1971), o **esforço cooperativo** é estritamente vinculado aos aspectos morais. Segundo ele, para que a cooperação entre as pessoas possa acontecer, deve ocorrer a administração dos fatores contextuais que afetam a energia ou os recursos da organização – como incertezas, instabilidade das necessidades humanas, limitações físicas, biológicas e mentais e problemas comunicacionais (Barnard, 1971).

Outro fator destacado pelo autor é a qualidade da natureza humana: por ser dispersiva, o indivíduo necessita da ação do líder, o qual é capaz de estabelecer um clima de trabalho que promove a cooperação. Por isso o valor da noção de *propósito*, centrada no papel do líder de satisfazer necessidades e manter uma autoridade voltada aos objetivos organizacionais – esse aspecto é fundamental para manter um ambiente cooperativo na organização.

Quando esses códigos morais são ignorados, todos os membros da organização (e até indivíduos fora dela) sofrem. Barnard (1971) explica que, sem a autodisciplina e a devoção de fazer o melhor possível, o trabalho pode se tornar um tormento e, assim, uma pessoa pode prejudicar o ambiente laboral, o que culmina em prejuízo à qualidade do produto e aos equipamentos, afetando, desse modo, o contexto interno e externo da organização.

Barnard (1971) recomenda que o gestor se governe por seus próprios códigos morais, bem como pelos códigos morais da organização. O conflito entre o código moral pessoal do gestor e o da organização deve ser administrado da melhor forma possível, considerando que a decisão traga benefícios para ambas as partes. Podemos observar, então, que não há um método científico e racional para alcançar o equilíbrio – daí a necessidade da moralidade e da cooperação.

Barnard (1971) acreditava que uma **alta moralidade organizacional** desenvolveria um ambiente capaz de autocorrigir os conflitos decisórios dos gestores, pois, para ele, o líder precisava estar imbuído de um esforço cooperativo constante – só assim seria possível garantir a cooperação e, em última instância, a existência das organizações.

Segundo Caravantes, Panno e Kloeckner (2008), os estudos de Barnard sofreram muitas críticas, principalmente no que tange à aceitação da autoridade de forma passiva pelos subordinados. Entretanto, a forma como ele tratou o tema da moral organizacional na gerência da época é considerada pertinente ao século XXI.

6.2.4 Douglas McGregor

Douglas McGregor (1906-1964) comparou dois estilos opostos de gerenciar pessoas, ampliando o debate sobre motivação e comportamento humano. Segundo Caravantes, Panno e Kloeckner (2008), para McGregor, não era possível motivar pessoas: a motivação é a própria energia interna que o indivíduo usa para se mover em busca da satisfação de suas necessidades. Muitas são as necessidades humanas – assim, se a pessoa irá ou não buscar satisfazê-las, isso depende exclusivamente de sua decisão e de sua energia interna.

A organização pode apenas tentar satisfazer necessidades, mas isso não garante que o colaborador estará sempre disposto a retribuir com o empenho esperado. Por essa razão, McGregor enfatizou a importância de os gestores compreenderem a necessidade de buscar o equilíbrio entre os objetivos individuais e os organizacionais. Muitos são os estudos que procuram um modelo que garanta esse equilíbrio dinâmico, já que ele ainda não foi obtido.

Na década de 1950, McGregor estabeleceu dois enunciados a respeito do estilo de comportamento do homem organizacional, conhecidos como *teoria X* e *teoria Y*.

Quadro 6.2 – Comparação entre as teorias X e Y

Teoria X	Teoria Y
As pessoas evitam o trabalho porque não gostam de assumir responsabilidades.	As pessoas veem no trabalho uma fonte de satisfação e de recompensa, por isso se esforçam.
As pessoas são preguiçosas por natureza e trabalham o mínimo possível.	Trabalhar é uma atividade natural como outra qualquer.
As pessoas são egocêntricas e seus objetivos pessoais estão acima dos objetivos organizacionais.	As pessoas podem ser automotivadas, autodirigidas e aceitam responsabilidades.
As pessoas são resistentes às mudanças, por isso, necessitam ser controladas e dirigidas.	As pessoas não são passivas às necessidades da empresa, por isso, a ameaça de punição não é a melhor maneira de obter o esforço que se deseja para atingir os objetivos organizacionais.
As pessoas são dependentes, ingênuas, sem iniciativa e incapazes de autocontrole e disciplina.	As pessoas são criativas, competentes e sabem tomar decisões.

Fonte: Elaborado com base em Chiavenato, 1983; Caravantes, Panno; Kloeckner, 2008

A principal crítica ao trabalho de McGregor, segundo Chiavenato (1983), Caravantes, Panno e Kloeckner (2008), reside no fato de ele acreditar que as pessoas tinham fé umas nas outras. Essa ideia considerava as descobertas das ciências sociais. Não é possível praticar a teoria Y, a não ser que você acredite nela – uma vez que ela depende de um simples ato de fé. Esse comportamento foi denominado *profecia autorrealizável* (tendência de as pessoas ajustarem seus comportamentos à expectativa de seus superiores, sem questionamentos).

No quadro a seguir, propomos uma pesquisa por meio da qual você pode descobrir se a sua orientação gerencial tende para a teoria X ou para a teoria Y. Responda ao inventário de acordo com o que você acredita ser correto e descubra sua orientação gerencial. O resultado se encontra logo após o quadro.

QUADRO 6.3 – Inventário sobre a orientação gerencial

Responda considerando a sua opinião	1 Nunca	2 Quase nunca	3 Às vezes	4 Quase sempre	5 Sempre
1. As pessoas precisam saber quem está no comando.					
2. Os funcionários atendem sem questionar quando um esforço extra se faz necessário.					
3. Os funcionários necessitam ser orientados e controlados para trabalhar com dedicação e comprometimento.					
4. As pessoas gostam de trabalhar por sua natureza.					
5. O gerente deve decidir junto com seus subordinados.					
6. Os funcionários devem participar das decisões que se referem a eles.					
7. O bom gerente é rígido e obstinado.					
8. Quando os trabalhadores não produzem, eles necessitam de orientação e incentivos para produzir.					
9. O bom gerente é aquele que consegue construir um clima de confiança em seu setor.					
10. Os funcionários devem ter liberdade para inovar e criar melhorias em seu trabalho.					
TOTAL					

FONTE: Adaptado de Caravantes; Panno; Kloeckner, 2008.

- **Resultado do inventário sobre a orientação gerencial** – Anote a quantidade de elementos que assinalou em cada coluna, multiplique pelo valor da coluna e some todos os valores:
  - Quanto **maior** o **valor**, mais o comportamento gerencial está relacionado à teoria Y.
  - Quanto **menor** o **valor**, mais o comportamento gerencial está relacionado à teoria X.

6.2.5 Abraham Maslow

Abraham Maslow (1908-1970), psicólogo americano, estudou sobre as motivações humanas, desenvolvendo sua própria teoria. Para Maslow (1970), as pessoas são motivadas por necessidades, as quais se organizam segundo as prioridades de atendimento. As necessidades mais importantes são aquelas que dizem respeito à nossa sobrevivência física e psicológica. Quando as de maior prioridade estão relativamente satisfeitas, as necessidades secundárias, de ordem inferior, emergem e assim sucessivamente. Em outras palavras, o indivíduo possui necessidades: à medida que as primeiras são satisfeitas, outras surgem de forma contínua, até o final de sua existência.

Lembre-se:

As necessidades surgem simultaneamente e estão vinculadas às prioridades de cada pessoa.

FIGURA 6.2 – A pirâmide das necessidades de Maslow

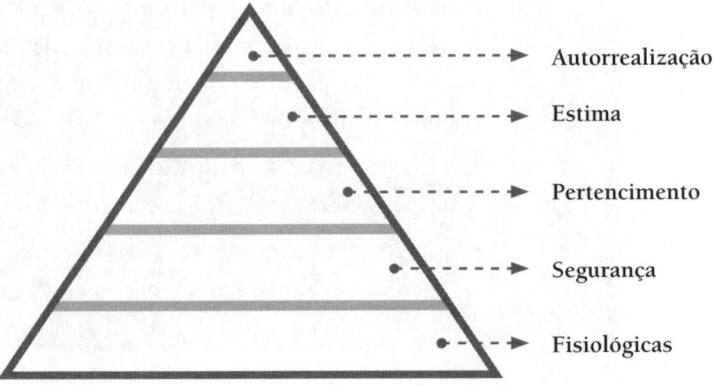

- Autorrealização
- Estima
- Pertencimento
- Segurança
- Fisiológicas

FONTE: Adaptado de McShane; Glinow, 2013.

Segundo Maslow (1970), as **necessidades fisiológicas** estão vinculadas às necessidades de sobrevivência – alimento, ar, água, abrigo e saúde.

As **necessidades de segurança** referem-se à sensação de estar em um ambiente seguro, estável, livre de dores, ameaças ou doenças. É quando o indivíduo sente-se protegido contra perigos ou privações. No contexto organizacional, é importante ter segurança no trabalho – ressaltando-se que esse fato é um direito constitucional: qualquer organização de trabalho deve garantir um ambiente seguro e todos os equipamentos de segurança individual ou coletiva para o pleno desenvolvimento de cada função (Maslow, 1970).

As **necessidades de pertencimento ou sociais** se referem ao sentimentos – amor, afeição, aceitação pelos outros, interação com outras pessoas. Um trabalho em grupo, que seja coeso, com relações sadias entre seus integrantes, beneficia tanto os indivíduos quanto a organização. Quando uma organização procura controlar esforços humanos que não atendem à sua sociabilidade natural, as necessidades frustradas podem levar ao desenvolvimento de comportamentos de resistência e hostilidade. Como o comportamento é consequência (e não causa), cabe aos gestores ficarem atentos à forma pelas quais as ações administrativas contribuem ou não para a coesão grupal e a produtividade (Maslow, 1970).

As necessidades de estima estão relacionadas com o amor-próprio (realização, competências, autoconfiança e independência) e com a reputação (reconhecimento, *status*, respeito e aceitação) (Maslow, 1970).

Por fim, **as necessidades de autorrealização** estão relacionadas ao que cada pessoa é capaz de realizar com seu próprio potencial, o qual deve ser continuamente desenvolvido. No mundo atual, frenético e cheio de privações, a energia humana fica concentrada na satisfação de necessidades mais essenciais, deixando que tais prioridades permaneçam inativas em grande parte das pessoas (McGregor, 1979).

O próprio Maslow (1970) considerou exceções comportamentais em sua hierarquia de prioridades (conhecidas como *a hierarquia das necessidades*). Há aqueles que não seguem tais prioridades. Por exemplo: apesar de sentir fome, há grande necessidade de atender a um referencial de beleza, permanecendo excessivamente magro – por exemplo, em casos de anorexia. Há também pessoas que mantêm uma baixa aspiração na vida, ficando conformadas com a sua situação atual, tornando-se assim apáticas a tudo ao seu redor. Todavia, para o estudioso, tais exceções não invalidam o comportamento-padrão de sua teoria.

Segundo Caravantes, Panno e Kloeckner (2008, p. 102), professores da Universidade da Georgia publicaram uma crítica ao estudo de Maslow, demonstrando "que falta evidência empírica capaz de apoiar a teoria". Esses professores consideraram que parece haver uma "atração metafísica" pela teoria de Maslow baseada na fé, pois ela carece de evidência científica. Caravantes, Panno e Kloeckner (2008) destacam que, para esses professores, o livro de Maslow se referia apenas a suas ideias e experiências de vida – uma vez que Maslow nunca realizou um estudo científico com o intuito de provar que uma gestão esclarecida, que atendesse às necessidades humanas, segundo sua proposta, seria bem-sucedida, apesar do aparente bom senso de sua obra.

Apesar dessas opiniões contrárias, desde 1986, na Universidade da Columbia, alguns estudiosos, utilizando rigorosas técnicas estatísticas de pesquisas, têm comprovado que a forma como os trabalhadores são tratados, no que diz respeito ao atendimento de suas necessidades, afeta a produtividade para além do simples incentivo financeiro (Caravantes; Panno; Kloeckner, 2008).

Finalizando esta seção, destacamos a importância de o administrador aceitar a motivação como um fenômeno complexo. Essa postura exigirá uma crescente compreensão da natureza humana, de modo que seja possível desenvolver comportamentos diferenciados de gestão, considerando o contexto e a complexidade dessa tarefa nas organizações atuais.

6.2.6 Herbert Alexander Simon

A principal obra de Herbert Alexander Simon (1916-2001) – intitulada *Comportamento administrativo* – foi lançada em 1947 e é considerada um marco na formulação da ciência administrativa. O livro é um estudo dos **processos decisórios** nas organizações, com o propósito de construir ferramentas administrativas, conceitos e vocabulário adequados para descrever e explicar como trabalha uma organização. Em seu livro, Simon refutou alguns pressupostos basilares da economia neoclássica. Conhecido como o "pai do behaviorismo na administração", Herbert Simon ganhou o Nobel de Economia em 1978.

> Simon publicou 15 livros e 500 artigos. A partir de 1950, voltou seus estudos para os aspectos psicológicos do processo decisório nas organizações. Foi ele quem demonstrou a importância de estabelecer um vocabulário adequado aos fenômenos organizacionais. Também cunhou termos como *racionalidade limitada, satisfação, processo decisório* e *otimização*.

Para Simon (1965), o processo decisório envolve a seleção consciente ou inconsciente de determinadas ações possíveis tanto para o gestor como para os subordinados. Como existe grande número de ações que podem ser decididas, estas devem ser reduzidas pelo indivíduo, de forma que ele possa escolher a que possa efetivamente ser levada a efeito. O administrador precisa decidir da melhor forma possível, além de promover que todos na organização também possam tomar decisões de forma efetiva.

A crítica de Simon (1965) à economia clássica defende que os princípios de racionalidade perfeita são contraditórios ao que ocorre no mundo real do processo decisório. Sabemos que a escolha racional humana perpassa por mecanismos complexos da mente e da personalidade. O indivíduo usa sua percepção para processar informações, buscar alternativas, calcular as consequências de suas escolhas, resolver incertezas e, no final, encontrar ações que são apenas satisfatórias, não perfeitas. Por isso, todos os processos decisórios são calcados na **racionalidade limitada**, a partir da qual é possível realizar apenas escolhas suficientemente satisfatórias, conforme vimos nos capítulos 1 e 3.

> **Racionalidade limitada**
>
> As pessoas demostram capacidade decisória, acesso e processo de informações limitadas e tendência a **satisfazer** em vez de **maximizar** suas escolhas. Em processos decisórios, elas distorcem informações ou emitem justificativas para favorecer a sua opção favorita dentre as demais alternativas (Simon, 1965).

Conforme Simon (1965), não existem decisões perfeitas: umas são melhores do que outras apenas em relação aos resultados que apresentam. Com uma gama de alternativas na mão, o decisor opta por aquela que, a seu critério, lhe trará maior efetividade de resultados, ou seja, aquela que supostamente produzirá resultados máximos. Como os indivíduos nunca conhecem, de forma plena e consciente, os objetivos da organização – que muitas vezes são formulados de forma contraditória –, as decisões nem sempre priorizam os objetivos que agregam mais ao todo organizacional – daí a relatividade do processo decisório.

Recapitulando: o homem administrativo é aquele que busca tomar decisões que sejam suficientemente satisfatórias. Isso acontece porque ele toma decisões sem ter todas as alternativas ou informações relevantes, procurando um lucro adequado e um preço razoável. Por isso, o comportamento administrativo é tido como *satisfaciente*.

Segundo McShane e Glinow (2013), estudos apontam que as pessoas preferem a solução satisfatória ou suficientemente boa porque:

- examinam as **alternativas de forma sequencial** e não como um todo, escolhendo a primeira que se encaixa em seu padrão de aceitação;
- analisam a **opção preferida** que está implícita em sua natureza e julgamento;
- avaliam a escolha em relação à sua **capacidade de processar e analisar** as informações e ao tempo que estão dispostas a gastar;
- quando há muitas alternativas, o **esforço cognitivo** e emocional é grande;
- a **complexidade do mundo real** é maior que a do mundo individual, que limita as percepções.

Simon (1965) critica a teoria clássica da administração quanto aos princípios administrativos, por ele considerados apenas provérbios – afinal, para todo princípio existe outro que o contradiz. Para ele, os estudos administrativos são superficiais, apresentando excesso de simplificações mágicas e falta de objetividade, já que muitos termos são utilizados – como *autoridade*, *centralização* e *controle* – sem que haja demonstração efetiva de seu funcionamento ou da forma como afetam o comportamento administrativo (Simon, 1965).

Portanto, os processos decisórios (como avaliados por Simon) objetivam ajudar a organização a enfrentar seus problemas na medida em que surgem – por essa razão, a organização é compreendida como um sistema de decisões.

6.2.7 Frederick Herzberg

Outra contribuição importante aos estudos do comportamento humano foi o estudo de Frederick Irving Herzberg

(1923-2000). Partindo de 200 entrevistas realizadas com engenheiros e contadores de uma indústria em Pittsburgh, Herzberg identificou os efeitos de determinados eventos na vida profissional que faziam os trabalhadores se sentirem excepcionalmente felizes ou infelizes em seu trabalho. Os resultados desses estudos concluíram que os fatores que geram satisfação ou felicidade eram distintos daqueles que geravam insatisfação ou infelicidade no trabalho (Herzberg, 1997).

Segundo Herzberg (1997), os fatores que levam à satisfação, denominados *motivadores*, estavam relacionados à tarefa: sua natureza, sua realização, responsabilidade por ela, reconhecimento recebido, capacidade para executá-la e promoção profissional a ela vinculada. Os fatores que levam à insatisfação, denominados *higiênicos*, estavam relacionados ao ambiente, ou seja, eram externos à tarefa: o tipo de supervisão recebida, o ambiente de trabalho de modo geral, as relações interpessoais e as políticas de remuneração (Herzberg, 1997).

Para Herzberg (1997), os fatores que causam satisfação estão desconectados daqueles que causam insatisfação. Os fatores motivadores satisfazem necessidades importantes, de nível superior enquanto os higiênicos criam as condições básicas necessárias para o indivíduo trabalhar – se eles faltarem, surge a insatisfação. No entanto, os fatores higiênicos não motivam, pois são apenas um ponto a partir do qual o indivíduo pode se motivar ao perceber o cuidado da organização para com ele. Eles estão fora das pessoas, no ambiente, ao passo que os fatores motivacionais são intrínsecos às necessidades humanas.

Para Herzberg (1997), não há problema algum no oferecimento de plenas vantagens higiênicas ao trabalhador – o problema está em considerar que as necessidades humanas são apenas higiênicas. Essa unilateralidade gera resultados desfavoráveis, que custam caro para as organizações. Quando os gestores acreditam que são os fatores higiênicos que agregam resultados organizacionais, eles nivelam os fatores ao mínimo, chegando a difamar o talento do trabalhador. A regra é, nesses casos, é: não falhe, não erre, não questione o *status quo* (cultura da empresa), não seja desagradável e esconda sua preferência pessoal. Com isso, o sentido do trabalho fica perdido no meio da insidiosa organização formal.

McShane, Glinow (2013) e Robbins (2002) corroboram que a falta de uma política de retenção capaz de promover o crescimento salarial, baseada na produtividade e em incentivos de desenvolvimento – tais como redução do expediente de trabalho, benefícios previdenciários, treinamentos, benefícios adequados às necessidades, desenvolvimento de carreira, participação nos lucros, participação no trabalho e melhoria na forma de tratamento com as chefias –, culmina em altos custos, em comparação ao retorno ensejado.

Ao comparar o estudo de Maslow com as ideias de Herzberg, constamos que há um núcleo central de fatores motivacionais que são importantes para reter os talentos (alguns deles foram citados no parágrafo anterior). No quadro a seguir, apresentamos uma comparação entre os dois estudos.

Quadro 6.4 – Comparação entre os modelos de Maslow e de Herzberg

Modelo de Maslow	Modelo de Herzberg
Necessidades de autorrealização	Responsabilidade, tarefa realizada, progresso e crescimento.
Necessidades de estima	Realização, reconhecimento e *status*.
↑ NECESSIDADES MOTIVACIONAIS (Intrínsecas – necessidades de cada pessoa) ↓ NECESSIDADES HIGIÊNICAS (Extrínsecas – relacionadas ao ambiente)	
Necessidades sociais	Relações interpessoais, formas de supervisão, relacionamentos.
Necessidade de segurança	Supervisão técnica, políticas administrativas, segurança no cargo.
Necessidades fisiológicas	Condições físicas e psicológicas no trabalho. Salário e vida pessoal.

Fonte: Elaborado com base em Chiavenato, 1983; Caravantes; Panno e Kloeckner, 2008.

Destacamos que a maioria das organizações, apesar da constante busca por talento humano, vincula as políticas de retenção de talentos aos fatores higiênicos que oferece – por isso há dificuldade em mantê-los. Essa dificuldade gera altos custos de rotatividade (custos para contratar e despedir) e absenteísmo (ausência do trabalhador em seu posto de trabalho, com justificativa ou não) – o que torna ambos grandes vilões, uma vez que resultam sempre em altos custos para as organizações.

Portanto, os estudos desses dois autores fornecem um importante quadro de referência para a reflexão do futuro administrador, quando esse profissional estiver atuando na gestão de pessoas – afinal, ele precisa descobrir o que é necessário para reter o talento (tão procurado pela organização) em cada caso, ao conciliar os interesses da organização aos do trabalhador.

Essa descoberta, segundo os estudos científicos, está vinculada ao modo como se satisfazem as necessidades dos funcionários, em geral por meio do desenvolvimento de programas que promovem o crescimento e o reconhecimento dos trabalhadores, tais como: remuneração variável, sistema de benefícios, avaliação de desempenho por competência e produtividade, plano de carreira e participação decisória.

6.2.8 David McClelland

Outro psicólogo cuja contribuição favoreceu a abordagem comportamental foi David Clarence McClelland (1917-1998), criador da teoria das necessidades aprendidas, as quais, para ele, eram importantes fontes de motivação.

Segundo Robbins (2002), as necessidades consideradas por McClelland são: realização, afiliação e poder.

A necessidade de **realização** é o impulso de se destacar, realizando ações que seguem um padrão – trata-se o esforço de ser bem-sucedido. Ela é estimulada no início da vida por meio de livros infantis, normas sociais e estilo de vida dos pais, ou seja, é a forma como cada cultura estimula seus jovens. Existem culturas com baixa necessidade de realização (se contentam com pouco) e culturas com alta necessidade de realização. Isso influi na formação do indivíduo e em suas buscas futuras. Indivíduos com fortes necessidades de realização buscam cargos de maiores responsabilidades, gostam de resolver problemas e de receber retorno rápido pelo seu desempenho, além de trabalharem com metas desafiadoras. Não gostam que o sucesso seja obra do acaso, pois são os fazedores do seu sucesso, e, por isso, têm iniciativa e assumem responsabilidades (Robbins, 2002).

Todavia, uma grande necessidade de realização não significa que o indivíduo será um bom gerente, porque tais pessoas às vezes estão preocupadas com a eficácia do trabalho, e não com a influência que detêm sobre os outros para que sejam capazes de fazer o trabalho de forma eficaz.

A necessidade de **afiliação**, por sua vez, é o desejo de ter amizades, amigos próximos e relações interpessoais (Robbins, 2002). Infelizmente, os estudos ainda têm dado pouca atenção à profundidade de tais comportamentos, que também são aprendidos de acordo com a cultura na qual o indivíduo está inserido. Para o autor, a afiliação representa o desejo de ser aceito pelos demais, de que os outros gostem de nós. Nesse caso, as pessoas que demandam a afiliação preferem situações em que haja cooperação, entendimento mútuo e compromisso (Robbins, 2002) – não gostando de ambientes competitivos.

As necessidades de **poder**, por fim, remetem a fazer com que os outros se comportem dentro de uma perspectiva em comum. É o desejo de exercer impacto, influenciar e controlar os outros, de estar no comando. Sobressai no indivíduo que gosta de ambientes competitivos e situações capazes de conduzir a um aumento de *status*. Indivíduos com altas necessidades de poder buscam obter prestígio e influência sobre os demais, em detrimento de um desempenho eficaz. Para McClelland (1972), os melhores gestores são os que possuem alta necessidade de poder e pouca necessidade de afiliação.

Nas organizações atuais, os trabalhadores são estimulados a desenvolver suas necessidades de realização para que seja possível alcançar as metas e os objetivos da organização. Os sistemas de treinamento são muito utilizados nesse sentido, pois auxiliam na obtenção dos resultados esperados, já que ensinam as pessoas a assumir responsabilidades, dar *feedbacks* e correr riscos moderados (Robbins, 2002).

Caravantes, Panno e Kloeckner (2008) destacam que a teoria das necessidades aprendidas revela a complexidade dos fenômenos do comportamento humano e da sociedade. Para compreender tal complexidade, é necessário analisá-la por meio das diversas perspectivas que esse fenômeno comporta. Todo gestor deve ter isso em mente quando agir na gestão de pessoas: é preciso considerar suas necessidades aprendidas.

Propomos, a seguir, um questionário de autoavaliação, por meio do qual você poderá descobrir qual a sua necessidade predominante. Responda cada questão em uma escala de 1 a 5 – em que 1 significa "discordo totalmente" e 5, "concordo totalmente". O questionário foi elaborado com base nos estudos de McClelland.

QUADRO 6.5 – Inventário da necessidade predominante

Responda considerando a sua opinião	Discordo totalmente				Concordo totalmente
	1	2	3	4	5
1. Esforço-me para melhorar o desempenho no trabalho.					
2. Gosto de competir e de vencer.					
3. Converso sobre assuntos alheios ao trabalho com meus colegas.					
4. Gosto de enfrentar desafios.					
5. Gosto de comandar.					
6. Quero que as pessoas gostem de mim.					
7. Quero saber como progrido no meu trabalho.					
8. Quando alguém faz algo com que não concordo, questiono.					
9. Crio intimidade com os colegas de trabalho.					
10. Estabeleço metas para conseguir alcançá-las.					
11. Quero que as pessoas façam as coisas do meu jeito.					
12. Gosto de pertencer a grupos, associações e comunidades.					
13. Gosto da sensação ao terminar um trabalho desafiador ou uma tarefa difícil.					
14. Trabalho para obter controle sobre o que acontece à minha volta.					
15. Sou cuidadoso com os sentimentos dos outros.					

FONTE: Robbins, 2000, p. 508..

Coloque o valor de cada questão no Quadro 6.6 e some o total de cada coluna. O maior valor é a sua necessidade predominante. Se houver empate, significa que há predominância de mais de uma necessidade. Depois, consulte novamente as características de cada necessidade.

Quadro 6.6 – Resultado do inventário

Necessidade de realização	Necessidade de poder	Necessidade de afiliação
Questão 1:	Questão 2:	Questão 3:
Questão 4:	Questão 5:	Questão 6:
Questão 7:	Questão 8:	Questão 9:
Questão 10:	Questão 11:	Questão 12:
Questão 13:	Questão 14:	Questão 15:
Total	Total	Total

Fonte: Robbins, 2000, p. 508.

6.2.9 Rensis Likert

Rensis Likert (1903-1981) foi outro importante autor da abordagem comportamental. Ele considerava que a administração era um processo complexo e que não existe uma única maneira ou caminho válido para resolver todas as situações organizacionais, afinal, a dinâmica administrativa é complexa e demanda dinâmicas diferenciadas de acordo com cada contexto.

Segundo Caravantes, Panno e Kloeckner (2008), na década de 1960, Likert desenvolveu um trabalho de grande qualidade científica. Ele estabeleceu a relação entre o estilo de gerência e o de supervisão, vinculando-os ao desempenho e à satisfação do trabalhador. Com os resultados desse estudo, elaborou um sistema de administração composto de quatro diferentes perfis organizacionais, conhecido como *sistemas 1, 2, 3, 4*.

Likert (1971) elaborou os sistemas 1, 2, 3, 4 em estudos rigorosos no Instituto de Pesquisas Sociais de Michigan. Ele denominou-os da seguinte forma: *sistema 1 – autoritário coercitivo*; *sistema 2 – autoritário benevolente*; *sistema 3 – consultivo*; *sistema 4 – participativo*. Segundo Caravantes, Panno e Kloeckner (2008), Likert cruzou cada sistema com as seguintes variáveis organizacionais:

- liderança aplicada;
- forças motivacionais;
- processo de comunicação;
- processo decisório;
- processo de influência e interação;
- sistema de metas e diretrizes;
- processo de controle.

O Quadro 6.7 apresenta as características dos sistemas gerenciais de acordo com o tipo de organização.

Quadro 6.7 – As organizações e os sistemas 1, 2, 3, 4

Sistemas	Em que tipo de organizações são encontrados
1 – Autoritário coercitivo	Organização com mão de obra intensiva e tecnologia rudimentar. Os profissionais têm pouca escolaridade e atuam na produção de massa.
2 – Autoritário benevolente	Organizações industriais com mão de obra mais especializada e tecnologia em desenvolvimento. Sistema de controle sobre o comportamento.
3 – Consultivo	Organizações de prestação de serviços em geral e indústrias nas quais o sistema de gestão de pessoas está mais desenvolvido.
4 – Participativo	Organizações de alta tecnologia com mão de obra altamente especializada e desenvolvimento continuado devido à complexidade das tarefas.

Fonte: Adaptado de Likert, 1971, 1975.

Segundo Likert (1971), os sistemas se misturam, não existindo limites definidos entre eles. Em outras palavras, uma organização pode se enquadrar em dois sistemas simultaneamente. Quanto mais uma organização estiver no sistema 4, maior será a probabilidade de alta produtividade, relações interpessoais sadias e produtivas e elevada rentabilidade; ao contrário, quanto mais uma organização estiver no sistema 1, maior será a probabilidade de ser ineficiente, desenvolver relações conflituosas no trabalho, cometer erros decisórios e enfrentar muitas crises financeiras por desequilíbrio de rentabilidade (Likert, 1971).

No quadro a seguir você poderá verificar como funcionam as organizações de acordo com cada variável, considerando cada tipo de sistema organizacional.

Quadro 6.8 – Sistemas 1, 2, 3, 4 de Rensis Likert

Variáveis	Sistema 1 – Autoritário coercitivo	Sistema 2 – Autoritário benevolente	Sistema 3 – Consultivo	Sistema 4 – Participativo
Processo decisório	Totalmente centralizado na cúpula. Todas as ocorrências não rotineiras devem ser levadas aos gestores. Há sobrecarga decisória nos gestores da cúpula.	Centralizado na cúpula, mas permite algumas delegações decisórias sobre tarefas rotineiras e operacionais, desde que haja permissão do superior. Prevalece o aspecto centralizador.	Participação consultiva nas tomadas de decisões. Há delegação aos níveis inferiores, porque suas opiniões são consideradas e levadas à cúpula para posterior autorização.	As decisões são totalmente delegadas a todos os níveis. A cúpula define as políticas e centraliza decisões em momentos de emergência ou quando solicitada por outros níveis.

(continua)

(Quadro 6.8 – continuação)

Variáveis	Sistema 1 – Autoritário coercitivo	Sistema 2 – Autoritário benevolente	Sistema 3 – Consultivo	Sistema 4 – Participativo
Sistema de comunicação	Precário, ocorre sempre na vertical descendente, com muitas ordens e orientações parcas e errôneas sobre o trabalho. Não existem comunicações laterais.	Relativamente precário. Prevalência das comunicações verticais descendentes, mas são aceitas comunicações verticais ascendentes oriundas dos escalões administrativos e operacionais.	As comunicações são descendentes, ascendentes e laterais, seja para ordens e orientações, seja para consultas. O objetivo é facilitar e dar acesso às informações, para melhoria e assertividade dos processos.	As comunicações fluem em todos os sentidos na organização, que entende a relevância da boa comunicação para a eficácia organizacional, por isso permite a flexibilidade.
Relações interpessoais	Prejudicial ao bom andamento do trabalho, porque as comunicações geram conflitos. Os gestores desconfiam de conversas informais e as proíbem. A organização informal é reprimida ao máximo.	Tolera que as pessoas se relacionem entre si, criando um clima de permissão relativa. Porém, a organização informal é incipiente, vista como ameaça aos objetivos organizacionais.	A organização cria condições relativamente favoráveis a uma organização informal positiva e sadia. As ameaças ou punições não são utilizadas para coibir a inter-relação entre os profissionais.	São baseadas na confiança mútua. O trabalho acontece em equipes que se formam espontaneamente. Há participação e envolvimento com as pessoas naturalmente, com delegação de responsabilidades.

(Quadro 6.8 – conclusão)

Variáveis	Sistema 1 – Autoritário coercitivo	Sistema 2 – Autoritário benevolente	Sistema 3 – Consultivo	Sistema 4 – Participativo
Sistema de recompensas e punições	A ênfase é em punições em vez de premiações, criando um ambiente hostil, de desconfiança e de medo. As regras devem ser cumpridas sem questionamentos, porque todos devem cumprir sua obrigação. As raras recompensas são predominantemente de ordem financeira ou materiais.	Há ênfase nas punições, com menor arbitrariedade. São dadas pequenas recompensas. Elas são predominantemente de ordem material e salarial. Há, esporadicamente, recompensas simbólicas ou sociais.	Eventualmente ocorrem punições. Há ênfase nas recompensas materiais e salariais, promoções e novas oportunidades profissionais. Ocorrem também recompensas simbólicas (prestígio e *status*).	A ênfase é nas recompensas simbólicas e sociais. As recompensas materiais e salariais não são omitidas, mas ficam em segundo plano. As punições são raras e, quando ocorrem, são definidas pelos grupos envolvidos no problema.

Fonte: Adaptado de Likert, 1971, 1975.

Caravantes, Panno e Kloeckner (2008) destacam que Likert tinha preferência pelo sistema 4, por entender que ele possibilitava as melhores respostas aos gerentes em relação às demandas do contexto no qual estavam inseridos e às mudanças constantes e complexas do ambiente. Sua pesquisa demonstrou algo muito importante.

O estudo de Likert (1971) constatou que a satisfação no trabalho e o alto desempenho estão diretamente vinculados à forma gerencial do sistema 4. No entanto, esse sistema é encontrado apenas nas organizações atuais, em que a gestão de pessoas está altamente desenvolvida. Desse modo, para

Likert (1971), à medida que os métodos de administração tendem para o sistema 4, aumentam-se os benefícios de produtividade, diminuem-se os custos e há melhoria nas atitudes dos profissionais. Por outro lado, à medida que se inclina para o sistema 1, a produtividade baixa, os custos se elevam e as atitudes dos funcionários tendem a ser menos produtivas e mais conflituosas.

Muitos administradores, de diversas organizações que responderam à pesquisa de Likert (1971), reconheceram, na época, que o melhor sistema de administração era o sistema 4. Todavia, apesar de reconhecem isso, eles próprios não o utilizavam em suas unidades de trabalho. Likert (1971), intrigado, investigou porque os administradores utilizam um sistema administrativo que eles próprios reconhecem ser menos eficiente.

Descobriu-se que o sistema 4 necessitava de maior preparo técnico e comportamental por parte do administrador, porque nele o trabalho se dá por meio de equipes. O gestor deve ter muito conhecimento sobre a natureza humana e a complexidade organizacional e compreender também quais forças da organização informal motivam o trabalho humano (Likert, 1971). Para Likert (1971), a motivação, a eficiência humana e a competência do profissional e da organização são determinantes para o sucesso organizacional. Não bastam métodos e técnicas, são necessários conhecimento, habilidades e competências humanas aliados a uma política integrada de gestão de pessoas – só assim o sistema 4 poderá se desenvolver, porque se apoiará nos princípios de motivação e trabalho em equipe e em ações de apoio ao desenvolvimento.

Likert (1971) buscou demonstrar, de modo geral, que é possível desenvolver um ambiente organizacional positivo e sadio. Para isso, é preciso que se promovam práticas administrativas capazes de prover sentimentos de realização pessoal, de valor, de reconhecimento e aceitação, em busca de melhor desempenho tanto dos profissionais como da organização. Além disso, essa postura permite a resolução de conflitos de forma produtiva e psicologicamente adequada à saúde organizacional. Atualmente, muitas organizações desenvolvem programas para promover esse tipo de ambiente organizacional.

O próximo quadro resume os sistemas de Likert (1971) e suas consequências para o comportamento das pessoas em uma organização.

Quadro 6.9 – Os sistemas e suas consequências no comportamento organizacional

Se o gestor atua pelo(s):	
Sistemas 1 ou 2	**Sistema 3 ou 4**
Utiliza pressão hierárquica direta para obter os resultados, por meio de disputas interpessoais e práticas de controle e punição.	Utiliza comportamento de apoio e relacionamento pessoal com a equipe, bem como métodos grupais de supervisão, motivação, reconhecimento e desenvolvimento.
Comportamento dos envolvidos:	
Baixa lealdade grupal; baixo desempenho; aumento dos conflitos; menores cooperação e apoio entre os profissionais; sentimento de injustiça e pressão gerencial injustificada; adversidades com o gestor e baixa motivação para produzir.	Alta lealdade grupal; busca por metas de desempenho, maiores cooperação e maior apoio entre os profissionais; menor pressão gerencial injustificada; sentimento de justeza; maior motivação para produzir.
A aplicação desses comportamentos na organização resulta em:	
Menor produtividade, elevação dos custos; piora na qualidade dos produtos, serviços e relacionamentos; incompatibilidade na remuneração.	Maior produtividade; diminuição ou controle de custos; melhora na qualidade de produtos, serviços e relacionamentos; maior remuneração dos profissionais.

Fonte: Adaptado de Likert, 1971.

6.2.10 Outros estudos

Caravantes, Panno e Kloeckner (2008), Robbins (2002), Wagner III e Hollenbeck (1999) concordam que nenhum dos estudos aqui elencados consegue explicar sozinho a complexidade do comportamento organizacional.

> Atualmente, existem muitas crenças ou receitas prontas de como gerenciar, as quais, no entanto, causam grande transtorno quando postas em prática, por isso é importante produzir um conhecimento científico adequado.
>
> Caravantes, Panno e Kloeckner (2008) recomendam cautela com dicas motivacionais, macetes, técnicas infalíveis ou consultores com conhecimentos questionáveis.

Os estudiosos aqui apresentados contribuíram e continuam a contribuir com seus estudos para o desenvolvimento e a compreensão do comportamento humano nas organizações, pois suas visões concordam entre si:

- Os indivíduos nas organizações têm necessidades e, de forma contínua, buscam satisfazê-las. As organizações, por sua vez, sempre desejam desenvolver talentos.
- É possível gerenciar uma organização a partir do estabelecimento de ambientes sadios e propícios à produtividade e ao alto desempenho, assim como mediante a definição de metas válidas.
- O melhor resultado virá por meio de treinamento continuado, pela satisfação de necessidades imprescindíveis, por oportunidades de desenvolvimento, pela participação decisória e pela remuneração por mérito. Em outras

palavras, a arte de gerenciamento deve-se apoiar em uma política adequada de recursos humanos.

O quadro a seguir apresenta outros estudos que investigaram a cognição humana e que igualmente auxiliaram a compreensão do comportamento do indivíduo na organização. Muitos desses estudos estão sendo considerados pelas organizações atuais em seu processo de gerenciamento.

Quadro 6.10 – Estudos cognitivos que contribuíram para a teoria comportamental

Estudos	Características
Teoria da fixação de objetivos Edwin Locke (1938-)	Pressupõe que os trabalhadores estão comprometidos com os objetivos. Quanto mais difíceis os objetivos a se alcançar, mais *feedbacks*. Quanto maior é a autoeficácia (convicção pessoal de que é capaz de realizar determinada tarefa), maior a confiança em desempenhar a tarefa.
Teoria do reforço Burrhus Frederic Skinner (1904-1990)	Explica como uma pessoa responde ao ambiente. Declara que a probabilidade de um determinado comportamento aumenta se for seguida por uma recompensa; inversamente, a probabilidade de um comportamento diminui se ele for seguido de punição.
Teoria da equidade John Stacey Adams (1925-)	Ocorre entre as pessoas que estão em relações de intercâmbio na organização, as quais atingem o equilíbrio quando os lucros individuais são proporcionais aos investimentos. *Ou* Parte do princípio de que a motivação depende do equilíbrio entre o que a pessoa oferece à organização, por meio do sistema produtivo e por seu desempenho, e o que recebe, por meio do sistema retributivo, como compensação da organização. $$Jd = \frac{\text{recompensas de A} - \text{custos de A}}{\text{investimentos de A}}$$ $$=$$ $$Jd = \frac{\text{recompensas de B} - \text{custos de B}}{\text{investimentos de B}}$$ *ou*

(continua)

(Quadro 6.10 – conclusão)

Estudos	Características
Teoria da equidade John Stacey Adams (1925-)	$$\text{comparado com } \frac{\text{Meu salário}}{\text{Seus salários}}$$ $$\frac{\text{Minha posição na hierarquia}}{\text{a posição do outro na hierarquia}}$$ A **inequidade** é experimentada quando $$Rp < Ro$$ $$Ep \quad Eo$$ ou quando $$Rp > Ro$$ $$Ep \quad Eo$$ Rp = resultados da pessoa Ro = resultados dos outros Ep = esforço da pessoa Eo = esforço dos outros A **equidade** ocorre quando $$Rp = Ro$$ $$Ep \quad Eo$$
Teoria da expectativa Victor Vroom (1932)	Considera que a força para agir em situações diárias está vinculada à expectativa, ao resultado a ser alcançado e à atração que o resultado desejado exerce no indivíduo. Ou seja, pressupõe que o funcionário se sente motivado a melhorar seu trabalho se o resultado obtido provir de um ganho por ele esperado. Enfoca três situações: 1. **Esforço × desempenho** – A percepção de que certo esforço o leva ao desempenho. 2. **Desempenho × recompensa** – O desempenho que o indivíduo acredita ser necessário para alcançar o resultado que deseja. 3. **Recompensa × metas pessoais** – Quanto às recompensas organizacionais, satisfaz as suas metas; quanto às necessidades individuais, o quanto as recompensas oferecidas pela organização são atraentes.

Fonte: Adaptado de Robbins, 2002.

Enfatizamos que o desenvolvimento e o entendimento da abordagem comportamental se ancoram no conhecimento de outras disciplinas ou estudos paralelos. Ou seja, ocorrem de forma sistêmica, e não isolada.

Segundo McShane e Glinow (2013), a psicologia contribuiu para a compreensão do comportamento individual e interpessoal, e a sociologia, para entendermos o funcionamento e a dinâmica dos grupos, os processos de socialização, o jogo do poder organizacional e demais aspectos do sistema social. As experiências e os conhecimentos dos grandes executivos contribuíram para apreendermos a importância prática do processo de comunicação, de *marketing* pessoal e institucional e da tecnologia do sistema de informações. Por sua vez, a antropologia é fundamental para o entendimento da cultura organizacional e para as questões do imaginário organizacional.

É fundamental lembramos que a abordagem comportamental e o entendimento do comportamento humano na organização devem se apoiar em pesquisas sistemáticas baseadas em evidências.

McShane e Glinow (2013) alertam que a dificuldade da gestão do comportamento humano baseado em evidências decorre da falta de conhecimento e de aplicação dos resultados das pesquisas científicas. Deve-se abandonar ações fundamentadas em modismos, modelos mágicos de consultoria ou crenças pessoais infundadas e questionar as ideias de escritores de livros populares recompensados por comercializar seus conceitos e teorias sem tê-los testados (McShane; Glinow, 2013). Por isso, conforme recomendam os autores, é importante buscarmos sempre os estudos originais e seus respectivos rebates para obter um conhecimento científico adequado sobre os fenômenos (McShane; Glinow, 2013).

O quadro 6.11 apresenta as âncoras que o gestor deve considerar ao aprimorar seus conhecimentos do comportamento organizacional.

Quadro 6.11 – Âncoras do conhecimento do comportamento organizacional (CO)

Âncora	Comportamento organizacional
Interdisciplinar	Deve importar o conhecimento de muitas disciplinas.
Pesquisa sistemática	Deve estudar organizações que usam métodos de recursos humanos sistemáticos.
Contingência	Deve reconhecer que os efeitos das ações frequentemente variam de uma situação para outra.
Dos múltiplos níveis de análise	Deve incluir três níveis de análise: individual, de equipe e organizacional.

Fonte: Adaptado de McShane; Glinow, 2013, p. 22.

6.3 Ética e comportamento organizacional (CO)

A ética organizacional se pauta nos seguintes princípios: **direitos individuais**, **justiça distributiva** e **utilitarismo**. Na prática diária, esses aspectos aparecem articulados em conjunto. Nesta seção, comentaremos os significados dessas três ideias vinculadas à área de administração, em especial com relação à figura do gestor.

Segundo McShane e Glinow (2013), os **direitos individuais** são direitos que todos os indivíduos têm e devem ser respeitados. Eles estão assegurados na Constituição Federal (CF) e demais ordenamentos jurídicos e nos permitem agir de determinada maneira. São exemplos de direito individual: ir e vir, liberdade de expressão, proteção contra à tortura ou agressão, salário capaz de prover uma vida digna.

Tais direito afetam o funcionamento das organizações, uma vez que podem haver conflitos entre eles. Por exemplo: o direto dos acionistas de receber informações sobre as atividades da empresa em que investem entra em conflito com o de privacidade da organização. Esse é apenas um exemplo entre os vários dilemas com os quais os atuais gestores lidam todos os dias.

O administrador deve sempre estar atualizado sobre as questões legais, de preferência se informando continuamente com um profissional da área (advogado), para que assim seja capaz de respeitar a ética organizacional em todos seus aspectos.

A **justiça distributiva** está vinculada aos estudos sobre equidade discutidos anteriormente. Implica que indivíduos em cargos iguais e de mesma hierarquia devem receber salários, benefícios e ônus similares, considerando o desempenho esperado para as atribuições do cargo e o que foi acordado na contratação.

Quando a organização não desenvolve políticas sólidas de treinamento, remuneração, carreira e avaliação de desempenho, corre o risco de desenvolver conflitos organizacionais, exatamente por falta de justiça distributiva. Os conflitos, por sua vez, elevam os níveis de rotatividade (o funcionário não fica na empresa) e absenteísmo (faltas ao trabalho).

Por fim, o **utilitarismo** é o princípio de que o bem a ser buscado deve ser algo que beneficie o maior número de pessoas. Devemos optar por decisões que possibilitem o maior grau de satisfação para a maioria dos envolvidos. O termo se vincula às consequências de nossas decisões.

Um problema com o utilitarismo é que muitas vezes não conseguimos avaliar os benefícios ou os custos de nossas decisões, devido às várias necessidades e interesses em jogo. Chegar a um consenso é um processo demorado e complexo.

Outro problema apontado por McShane e Glinow (2013, p. 45) é a forma como podemos alcançar determinado fim, pois também os meios devem se pautar por princípios éticos, afinal, a "maioria de nós não se sente confortável ao adotar comportamentos que parecem antiéticos para alcançar resultados éticos". Considerando esse fato, surge, então, a pergunta: Por que pessoas éticas se envolvem em decisões ou comportamentos antiéticos? A resposta pode ser a seguinte:

> *Segundo uma pesquisa global com gestores e gerentes de recursos humanos, a pressão proveniente da alta gestão ou do conselho de administração para cumprir prazos e objetivos empresariais irreais é a principal causa de comportamento empresarial antiético. A pressão realizada regularmente pela alta gestão motiva funcionários a mentirem para seus clientes, violarem regras ou a tomarem qualquer outra atitude antiética.* (McShane; Glinow, 2013, p. 46)

Devemos sempre lembrar, como futuros gestores, que somos constantemente observados pelos nossos funcionários: tudo que fazemos ou dizemos tende a ser amplificado. O nosso comportamento ensina como eles devem se comportar e tratar colegas e clientes. Por isso, segundo McShane e Glinow (2013), devemos sempre avaliar o nosso comportamento e a ética de nossas ações.

Portanto, a discussão sobre ética requer outras leituras e discussões mais aprofundadas com seus professores, pois esse importante tema permeará todas as disciplinas de seu curso, nas quais, com certeza, ele será tratado sob várias perspectivas – o que possibilitará uma progressiva compreensão acerca de sua complexidade. Devemos sempre ter em mente que a ética está nas pessoas.

6.4 Conceitos da abordagem comportamental

Como já ressaltamos, a abordagem comportamental envolve uma gama de fenômenos em níveis micro, meso e macro-organizacional, os quais devem ser entendidos de forma articulada ou sistêmica. Por isso, nesta parte da obra, complementaremos a abordagem desse assunto com outros conceitos que devem ser conhecidos devido à sua importância. Além disso, eles darão suporte a estudos posteriores.

6.4.1 A organização como sistema cooperativo

A palavra *sistema* possibilita muitas interpretações. Segundo Bertalanffy (2008), *sistema* é um conjunto de elementos interconectados que formam um todo organizado. Construir um sistema significa "combinar", "ajustar" ou "formar" um conjunto que possui um objetivo em comum. Esse conjunto de componentes desenvolve relações entre si com a finalidade de gerar informações, matéria e energia. Essa integração, quando considerada eficaz, é denominada *sinergia*.

A **sinergia** determina que as transformações ocorridas em uma das partes ou em um dos componentes do sistema afetará as demais. Quanto maior a sinergia, maior a probabilidade de o sistema atingir seus objetivos com eficiência.

Por outro lado, quando não houver sinergia, o sistema não funcionará adequadamente, podendo levar a falhas, panes e, em último caso, à morte do sistema – denominada *entropia*. Todos os sistemas possuem a propriedade da **homeostase**, característica que mantém o seu meio interno estável, mesmo diante de mudanças no meio externo. As reações homeostáticas, ou ajustes internos causados por mudanças no ambiente, podem ser boas ou más. Isso dependerá do caráter da mudança – se ela foi planejada ou inesperada.

Para Caravantes, Panno e Kloeckner (2008), a visão sistêmica pode ser aplicada às organizações. Nesse caso, a função de homeostase (adaptação) refere-se à busca por recursos indispensáveis à sobrevivência e ao sucesso organizacional. Além disso, a organização deve integrar o trabalho de todas as suas áreas de modo a gerar eficácia, para que, assim, todos possam exercer sua função adequadamente.

No sentido sistêmico, as organizações são sistemas sociais e cooperativos: afinal, para prosperar, os indivíduos devem cooperar entre si no trabalho, como um sistema integrado de recursos, informações, produção, decisões e resultados.

Para Barnard (1971), os indivíduos não atuam de forma isolada. Eles interagem entre si exercendo influência uns sobre os outros, à semelhança dos sistemas da natureza. Cada um de nós têm características individuais, necessidades, capacidades e limitações próprias. Para extrapolar nossos limites individuais, o caminho é cooperar com outras pessoas. Esse esforço cooperativo e sistêmico é o motivo da existência das organizações.

Para o autor, uma organização existe porque pessoas se juntaram para realizar trabalhos complexos (Barnard, 1971). Para tanto, deve haver o desejo de cooperação mútua em busca de objetivos comuns. A vontade de cooperar varia entre as pessoas, porque elas estão vinculadas a satisfações ou insatisfações humanas diversas, as quais devem ser percebidas e valorizadas. Desse processo decorre a ideia de *racionalidade limitada* (termo explicado anteriormente). Os sujeitos cooperam desde que o seu esforço lhes traga satisfações e vantagens pessoais que justifiquem o esforço empreendido (Barnard, 1971).

Logo, o esforço de cooperar está vinculado aos incentivos disponibilizados pela organização (salários, benefícios sociais, oportunidades de crescimento e desenvolvimento), os quais são oferecidos exatamente para que os objetivos organizacionais possam ser atingidos. Esse é o caminho do sucesso.

> O administrador deve manter dentro da organização um sistema de esforços cooperativos, para possibilitar uma atividade organizacional adequada, próspera e justa – em última instância, isso se refletirá no bem-estar da sociedade.

6.4.2 Aceitação da autoridade

Barnard (1971), intrigado por observar, durante anos, como as ordens dentro das organizações eram desobedecidas e como os gestores lidavam com essa desobediência, concluiu em seus estudos que a autoridade não está no cargo – ela não se efetiva de cima para baixo, conforme afirmam os autores clássicos. A autoridade se encontra na **aceitação** ou no **consentimento** dos funcionários em serem comandados pelas chefias.

Segundo Barnard (1971), as pessoas:

- **obedecem** quando consideram que a ordem ou o pedido lhe trará vantagens;
- **desobedecem** quando consideram que a ordem ou o pedido lhe trará desvantagens.

Segundo essa teoria, proposta por Barnard (1971) – denominada *aceitação da autoridade* –, o subordinado só aceita e acata ordens de uma autoridade quando:

- as compreendeu completamente;
- elas não são incompatíveis com seus objetivos pessoais ou com os objetivos da organização;
- existem condições físicas, mentais e psicológicas que permitam executá-las.

Portanto, a aceitação da autoridade não depende do cargo ocupado, mas sim da escolha que o subordinado fará, considerando sua compreensão, aderência ou não aos seus objetivos pessoais e organizacionais, bem como suas condições físicas, mentais e psicológicas para executá-las. O cargo fornece apenas a autoridade, elemento que legitima o ato de mandar, mas a decisão de fazer está nas mãos do subordinado – assim, a aceitação da autoridade é um fenômeno psicológico.

A teoria da aceitação da autoridade foi e ainda é amplamente constatada nas organizações atuais por meio da observação de comportamentos demonstrados no dia a dia organizacional. Tais comportamentos não são padronizados: são sutis, permeados por valores, personalidades e inteligência emocional dos envolvidos vinculados à organização informal. A forma de lidar com a aceitação da autoridade é um desafio para os gestores das organizações atuais, porque dela decorrem muitos conflitos de gestão, especialmente entre os objetivos organizacionais e os individuais.

6.4.3 Conflitos entre os objetivos organizacionais e individuais

Segundo Argyris (1968), existe um conflito inevitável e contínuo entre as pessoas e as organizações, porque ambas não conseguem se autorrealizar o tempo todo de forma satisfatória. O autor argumenta que, em geral, a liderança, os meios de controle e os regulamentos são inadequados para gerir indivíduos adultos e maduros, pois a pressão diretiva impede o desempenho espontâneo e aumenta os conflitos (Argyris, 1968).

Para Argyris (1968), algumas exigências organizacionais são incompatíveis com as necessidades de enfrentamento de desafios, de tomada de responsabilidade, de crescimento e de prosperidade por parte das pessoas. Acontece que, às vezes, todas as decisões são tomadas pelas chefias, o que leva o funcionário a se acomodar, perdendo lentamente o sentido de vida no trabalho – essa condição leva as pessoas a trabalharem menos e a se sentirem mais insatisfeitas – ou seja, a acomodação leva o funcionário a perder o prazer pelo desafio, tornando-o indiferente à qualidade de seu trabalho e, em última instância, improdutivo, insatisfeito e hostil.

Argyris (1968) conclui que é possível integrar os objetivos individuais aos organizacionais de forma pelo menos satisfatória para ambas as partes. Por vezes, é possível, também, integrar as necessidades de autoexpressão e de desafios decisórios com os objetivos produtivos. Além disso, as organizações podem melhorar e desenvolver o potencial de seus funcionários por meio da educação corporativa e, principalmente, aprender a administrar conflitos de maneira eficaz.

Para Robbins (2002), Caravantes, Panno, Kloeckner (2008), McShane e Glinow (2013), a administração de conflitos requer o desenvolvimento de políticas de pessoal capazes de promover o aumento da satisfação no trabalho e do reconhecimento, além de melhorias na remuneração.

Para saber mais

Assista à reportagem indicada a seguir e discuta com seus colegas quantos conflitos como os que você irá acompanhar você já experimentou e como os administrou.

COMO GERENCIAR conflitos no ambiente profissional. **Jornal Hoje**. Rio de Janeiro: TV Globo, 12 mar. 2012. Programa de televisão. Disponível em: <http://www.youtube.com/watch?v=6MRMfZ43tLg>. Acesso em: 15 maio 2014.

Todas as insatisfações causadas pelo não atendimento aos anseios organizacionais e individuais tendem a promover conflitos. O quadro a seguir demonstra a tipologia dos conflitos organizacionais.

Quadro 6.12 – Tipologia dos conflitos

Fontes de conflito	Conflito manifesto	Resultados do conflito
Objetivos incompatíveis. Diferenças sem fundamento. Interdependência das tarefas. Regras contraditórias. Comunicação confusa ou contraditória. Políticas de gestão de pessoas inadequadas. Comportamentos dissimulados.	Posições adotadas na lida com o conflito: resolver, impor, evitar, ceder, negociar. Decisões contraditórias. Comportamentos incoerentes. Resistência e apatia. Omissão do fato de que o conflito existe.	**Positivos** Melhoria nas decisões. Adaptação organizacional. Coesão grupal. Ambiente sadio e produtivo. **Negativos** Estresse e moral baixa. Alta rotatividade. Políticas percebidas como injustas. Baixo desempenho. Informações distorcidas. Ambiente improdutivo.

Fonte: Adaptado de McShane; Glinow, 2013.

Agora você já pode compreender que o CO envolve muitas facetas, algumas das quais os estudiosos ainda pesquisam de modo obterem percepções mais precisas sobre o assunto. Por isso, é importante que os futuros gestores compreendam a dinâmica da visão sistêmica nas organizações. Isso é possível quando temos em mente que o comportamento humano é complexo e que uma única abordagem é incapaz de explicá-lo em toda a sua amplitude, principalmente porque os conflitos são inerentes a ele.

Quadro 6.13 – Comparação entre estudos

Principais Aspectos	Teoria clássica	Teoria das relações humanas	Teoria neoclássica	Teoria estruturalista	Teoria comportamental
Ênfase	Tarefas e estrutura	Pessoas.	Tarefas, pessoas e estrutura.	Estrutura e ambiente.	Pessoas e ambiente.
Visão da organização	Organização formal.	Organização informal.	Organização formal e informal.	Organização formal e informal.	Organização formal e informal.
Conceito de *organização*	Estrutura formal como um conjunto. Cargos e tarefas.	Sistema social no qual as pessoas desempenham papéis.	Sistema social com objetivos a serem alcançados.	Sistemas sociais em constante reconstrução.	Sistema social cooperativo e racional.
Ciência subjacente	Engenharia humana e de produção.	Ciência social aplicada.	Técnica social e administração por objetivos.	Abordagens múltiplas das ciências.	Ciência comportamental aplicada.
Concepção de *homem*	Homem econômico.	Homem social.	Homem organizacional e administrativo.	Homem organizacional.	Homem administrativo.

(continua)

(Quadro 6.13 – conclusão)

Principais Aspectos	Teoria clássica	Teoria das relações humanas	Teoria neoclássica	Teoria estruturalista	Teoria comportamental
Comportamento do indivíduo	Isolado, reage individualmente.	Ser social que reage como membro de um grupo.	Ser racional e social voltado para o alcance de objetivos pessoais e organizacionais.	Ser social que vive dentro das organizações.	Ser racional que toma decisões e participa ativamente dentro das organizações.
Sistema de incentivos	Salariais e materiais.	Sociais e simbólicos.	Materiais, salariais, sociais e simbólicos.	Materiais, salariais, sociais e simbólicos.	Materiais, salariais, sociais e simbólicos.
Objetivos organizacionais *versus* individuais	Predomina a identidade de interesses e não há conflito aparente.	Predomina a identidade de interesses e o conflito deve ser evitado.	Integração entre os objetivos pessoais e os da organização.	Conflitos desejáveis e inevitáveis, porque levam à inovação.	Conflitos negociáveis e equilíbrio entre eficiência e eficácia.
Resultados almejados	Máxima eficiência.	Satisfação do funcionário.	Eficiência e eficácia.	Máxima eficiência.	Eficiência satisfatória.

Fonte: Adaptado de Chiavenato, 1983.

Síntese

Os comportamentalistas contribuíram para a teoria das organizações ao explicar a natureza humana no trabalho, além de enfatizarem as pessoas como o maior ativo das organizações.

Eles são criticados porque se limitaram a descrever e explicar o que viam e, assim, não construíram aplicações práticas para a compreensão da formação da cultura organizacional. Ademais, não consideraram os aspectos interpessoais nos processos de tomada de decisões – observando apenas aspectos formais. Acreditavam que deviam apenas corrigir o presente, esquecendo-se da necessidade de criar condições inovadoras para um futuro melhor.

Outro equívoco dos comportamentalistas foi padronizar as decisões, não considerando as diferenças individuais e a limitação humana em tomar decisões estritamente de cunho racional. Sua visão era tendenciosa, tanto da organização como do indivíduo. Ao tentar demonstrar o que é melhor para as organizações e para as pessoas que nelas trabalham, os autores deixaram de lado ideias importantes, como a inovação e os aspectos informais.

Não obstante, tais críticas apenas reforçam o argumento de que cada teoria ou abordagem sozinha não responde a todo o fenômeno organizacional – de certa forma, todas se complementam e continuam evoluindo.

Para finalizar, apresentamos no Quadro 6.13 um resumo das teorias que explicam o CO, no qual você pôde verificar os aspectos mais importantes dos estudos anteriormente tratados.

Questões para revisão

1. Quais as conclusões dos estudos de Hawthorne?
2. Indique a alternativa correta, considerando as visões de homem da **teoria X** e a da **teoria Y**.
   a) As pessoas evitam o trabalho porque não gostam de assumir responsabilidades, são resistentes às mudanças e por isso necessitam ser controladas e dirigidas, já que consideram o trabalho uma atividade natural como outra qualquer (teoria X).
   b) As pessoas evitam o trabalho porque não gostam de assumir responsabilidades, são resistentes às

mudanças e por isso necessitam ser controladas e dirigidas, são preguiçosas por natureza e trabalham o mínimo possível (teoria X e teoria Y).

c) As pessoas evitam o trabalho porque não gostam de assumir responsabilidades, são resistentes às mudanças e por isso necessitam ser controladas e dirigidas, já que consideram o trabalho uma atividade natural como outra qualquer (teoria X e teoria Y).

d) As pessoas evitam o trabalho porque não gostam de assumir responsabilidades, são resistentes às mudanças e por isso necessitam ser controladas e dirigidas, já que consideram o trabalho uma atividade natural como outra qualquer (teoria Y).

e) Nenhuma das alternativas anteriores está correta.

3. Indique a alternativa correta sobre a tipologia organizacional de Rensis Likert:

a) No sistema autocrático coercitivo se encontram as organizações com mão de obra intensiva e tecnologia rudimentar, além de profissionais com pouca escolaridade atuando na produção de massa.

b) No sistema autocrático coercitivo se encontram as organizações industriais com mão de obra mais especializada e tecnologia em desenvolvimento. Sistema de controle sobre o comportamento.

c) No sistema autocrático benevolente se encontram as organizações de prestação de serviços e em geral industriais, com mão de obra mais especializada e tecnologia avançada. Sistema de controle sobre o comportamento.

d) No sistema autocrático coercitivo benevolente se encontram as organizações industriais com mão de obra mais especializada e tecnologia em

desenvolvimento. Sistema de controle baseado na complexidade das tarefas.
e) Nenhuma das alternativas anteriores está correta.

4. O que é *justiça distributiva?* Justifique sua resposta.

5. Sobre racionalidade limitada, assinale a alternativa correta:
   a) As pessoas demostram capacidade decisória, acesso e processo de informações limitadas, tendência a maximizar suas escolhas, em vez de satisfazê-las. Em processos decisórios, elas distorcem informações ou emitem justificativas para favorecer a sua opção favorita dentre as demais alternativas.
   b) As pessoas demostram capacidade decisória, acesso e processo de informações limitadas e tendência a satisfazer suas escolhas, em vez de maximizá-las. Em processos decisórios, elas selecionam informações ou emitem justificativas para descartar a sua opção favorita dentre as demais alternativas.
   c) As pessoas demostram capacidade decisória, acesso e processo de informações limitadas e tendência a maximizar suas escolhas, em vez de satisfazê-las. Em processos decisórios, elas distorcem informações ou emitem justificativas para descartar a sua opção favorita dentre as demais alternativas.
   d) As pessoas demostram capacidade decisória, acesso e processo de informações limitadas e tendência a satisfazer suas escolhas, em vez de maximizá-las. Em processos decisórios, elas distorcem informações ou emitem justificativas para favorecer a sua opção favorita dentre as demais alternativas.
   e) Nenhuma das alternativas anteriores está correta.

Questão para reflexão

No Quadro 6.10, apresentamos a teoria da equidade de John Stacey Adams, a qual, segundo Robbins (2002), demonstra que as pessoas realizam comparações de trabalho entre seus pares.

Assista ao vídeo indicado a seguir, reflita e discuta como as questões abordadas no filme poderiam ser resolvidas.

BESSA, M. M. A teoria da equidade. Disponível em: <http://www.youtube.com/watch?v=CIR1bUaK8dQ>. Acesso em: 9 jul. 2014.

7

Visão transversal: evolução das concepções de *homem* e de *organização*

Conteúdos do capítulo

- Visão transversal – evolução das concepções de *homem* e de *organização*.
- Os mitos da gestão.

Após o estudo deste capítulo, você será capaz de:

1. reconhecer as novas configurações das organizações atuais;
2. identificar os mitos da gestão, a fim de desenvolver o senso críttico;
3. perceber que é necessário desenvolver uma visão mais ampla sobre o que afeta os fenômenos organizacionais.

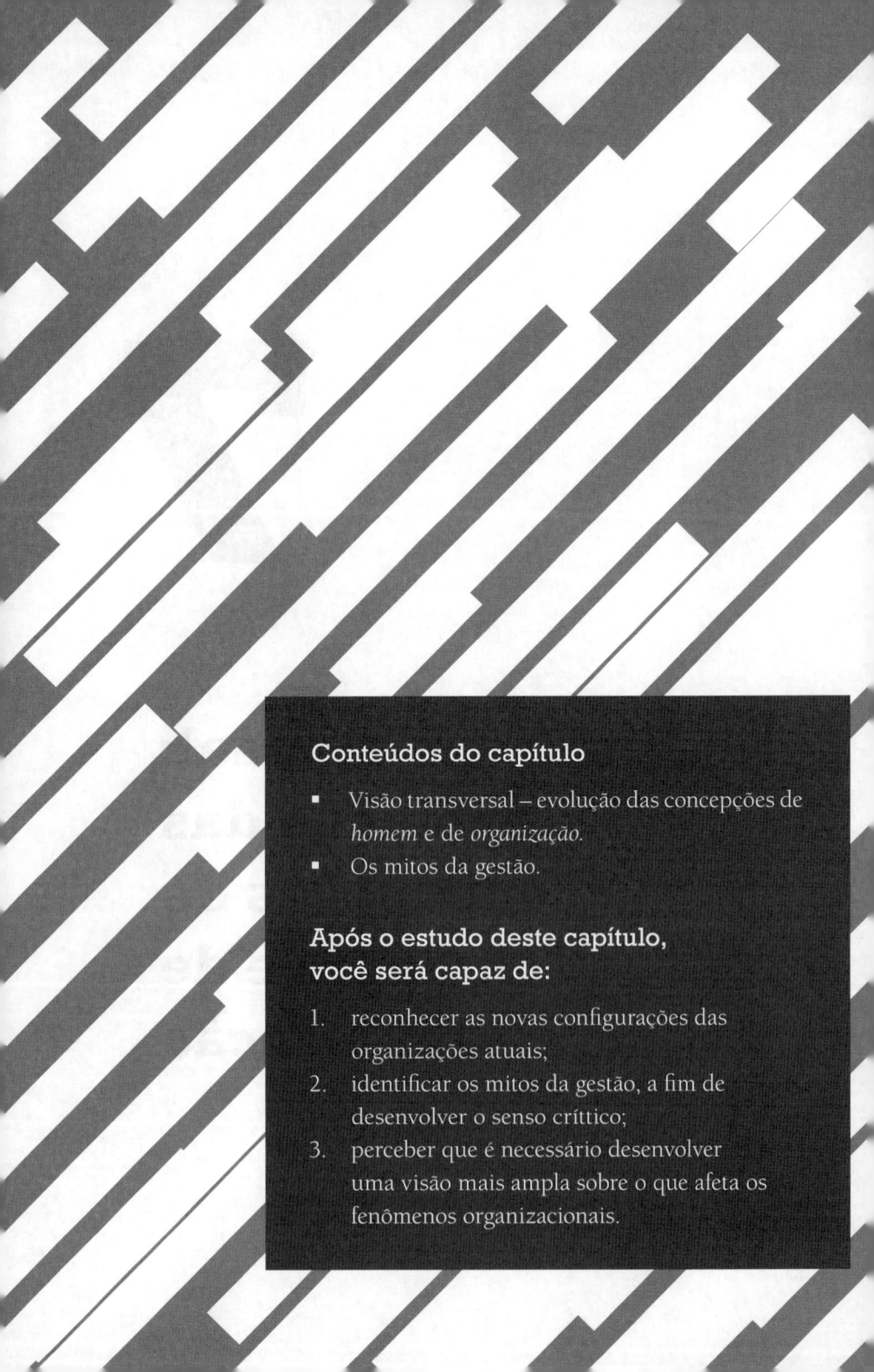

Neste capítulo, destacaremos a evolução do homem organizacional e das organizações, que se reconfiguram continuamente para se adaptar a um contexto globalizado e de alta complexidade. Resgatando o que foi dito na apresentação, segundo Barbosa (2002), a **visão transversal** (ou **transversalidade**) é uma forma de abordar o conhecimento, concebendo-o como algo dinâmico, em constante transformação e passível de ser relacionado às questões da vida, das organizações e da sociedade. A visão interdisciplinar do conhecimento, é uma abordagem da prática educativa que sistematiza a formação e o trabalho dos futuros gestores ao promover relações entre os diversos conhecimentos que compõem os fundamentos da administração, os estudos sobre as organizações, o comportamento humano de seus integrantes e o modo como foram historicamente construídos.

Novos conhecimentos transversais são continuadamente vinculados aos estudos organizacionais, além de novos entendimentos sobre a natureza humana no trabalho e novas configurações e arranjos organizacionais, os quais emergem para dar conta da complexidade e evolução dos ambientes. Devido a essa complexidade – e apesar da facilidade de acesso à informação –, ainda existem diversos mitos (ver definição na p. 240) sobre o modo como melhor gerenciar uma organização. Tendo isso em vista, demonstraremos, de forma introdutória, esses novos arranjos que emergem com a evolução da sociedade e do conhecimento.

7.1 Visão transversal ou transversalidade

A evolução da ideia de homem nas organizações iniciou-se com o pressuposto de que ele é um ser simples, previsível e de poucas variações comportamentais. Seu foco é a recompensa econômica – por isso, é chamado de **homem econômico**. Suas ações deveriam ser suficientes para garantir uma boa produtividade para a organização. Nesse sentido, os comportamentos inadequados do trabalhador eram compreendidos pelos gerentes como decorrência da irracionalidade humana.

A seguir, emergiu a concepção de **homem social**, especialmente a partir dos estudos de Hawthorne, que reconheceram pela primeira vez a complexidade do comportamento humano. A partir de então, os aspectos afetivos e psicológicos do ambiente de trabalho passaram a ser valorizados. O ponto em comum entre essas concepções é que o homem era considerado um ser passivo, que **reage de forma padronizada** aos estímulos de uma organização.

Já a concepção de **homem complexo** emergiu em decorrência da ampliação dos estudos de Hawthorne. As pesquisas sobre motivação e liderança mapearam as necessidades dos trabalhadores e a importância do líder para que fosse possível alcançar os resultados almejados pela organização. Ampliou-se a visão sobre o trabalho do gerente e descobriu-se a importância da realização e do autodesenvolvimento. O homem complexo embasou o movimento de humanização do trabalho. Essa concepção, no entanto, foi criticada, por preconizar um homem excessivamente ideal, que é sempre físico, moral e psicologicamente sadio. O homem complexo se insere como tomador de decisões a partir da racionalidade limitada, em especial pelos estudos de Herbert Simon, já considerados anteriormente.

Os estudos sociotécnicos ampliaram a concepção do homem complexo como **ator social**, indivíduo que constrói ativamente sua identidade por meio do seu ambiente de trabalho. Nesse viés, fica claro que não é possível motivar ninguém. Sob essa perspectiva, entra em cena o movimento francês, composto pelos estudiosos Enriquez (1977) e Pagès et al. (1993), os quais elaboraram a teoria do poder e das organizações. Para eles, nós vivemos sob o domínio das organizações, que continuamente desenvolvem novos métodos de dominação dos indivíduos, caracterizados pela agonia do capitalismo selvagem em uma era da violência, na qual se destacam a organização hipermoderna e a associação entre organização e poder (Enriquez, 1977; Pagès et al., 1993). Esses autores buscam compreender as relações entre o econômico, o político, o ideológico e o psicológico nas organizações.

A concepção de ***homem organizacional***, por sua vez, considera-o como um ser politicamente engajado em um contexto organizacional que envolve todos os conflitos por ele vivido. Dessa concepção, emerge o **homem funcional**, aquele que diariamente administra conflitos individuais, grupais e institucionais.

Para resumir o que já foi amplamente discutido, apresentamos, a seguir, o Quadro 7.1.

Quadro 7.1 – Evolução da visão de homem organizacional

Concepções do homem
Homem econômico.
Homem social.
Homem tomador de decisões por meio da racionalidade limitada – homem complexo.
Homem complexo como um ator social.
Homem organizacional como um ser político.
Homem funcional como administrador de conflitos.

Fonte: Adaptado de Chiavenato, 1983.

A concepção de *organização* (e suas atividades) também foi mudando com o tempo. Antes, as organizações eram vistas como máquinas, com foco estrutural; depois, como burocráticas; posteriormente, como esfera cultural, simbólica e política, para enfim chegar às organizações como sistemas que se adaptam e transformam o ambiente.

Elas continuam a se formatar a partir de configurações sempre diferentes, que as possibilitam adaptar-se continuamente ao meio ambiente.

A **adhocracia**, segundo Mintzberg (1983), é caracterizada pela falta de uma estrutura formal definida e de regras formais estabelecidas. Desenvolve-se na ausência de definição estrutural rígida – por exemplo: estudos de criação e pequenas agências de publicidade.

Segundo Burris (1993), quando as organizações se estruturam centradas em inovações tecnológicas e seus integrantes trabalham com uma base comum de dados, de locais distantes, as organizações são consideradas uma **tecnocracia**. Trata-se de redes de pesquisa – como o Projeto Genoma.

Para Ouchi (1980), os **clãs** são organizações cujos integrantes se estruturam por compartilhamentos culturais em vez de por regras formais. A cultura do compartilhamento é oral e não registrada com regras escritas. Exemplos desse tipo de organização são as empresas de alta tecnologia, como as encontradas no Vale do Silício.

Hedlund (1986) apresenta-nos a **heterarquia**, uma forma de organização semelhante a uma rede de pesca, na qual não existe uma única cadeia de autoridade – mas inúmeras conexões de trabalho entre os membros. São empresas que prestam serviços especializados, como escritórios de advocacia ou contabilidade.

A **organização virtual**, apresentada por Davidow e Malone (1992), constitui-se de organizações conectadas em redes virtuais que se envolvem em torno de um projeto, cujo ponto-chave reside no fato de que as relações entre elas são viabilizadas por meio da rede. As informações são veiculadas com grande rapidez, praticamente em tempo real, e os especialistas trabalham em paralelo, simultaneamente. São escritórios de arquitetura, que trabalham em grandes projetos, em parceria com outras empresas de engenharia, além de projetistas e empresas de administração.

A **rede organizacional**, por sua vez, segundo Power (1997), é formada por parcerias ao redor de um projeto comum, como alianças de engenharia civil de larga escala ou prestadoras de serviços públicos. Nesse caso, a parceria é mais formal do que a organização virtual.

Como podemos constatar, as organizações buscam novos arranjos para se tornarem continuamente mais produtivas e melhorarem seus ambientes, objetivando manter sua produtividade e longevidade. Apesar da contribuição dos conhecimentos oriundos das diversas ciências existentes, as articulações em tempo real de tais princípios esbarram nas limitações humanas cognitivas, psicológicas e operacionais. Porém, devemos sempre tomar cuidado com os mitos da gestão.

7.2 Os mitos da gestão

Falaremos um pouco sobre a implicação dos mitos no processo de gestão, ainda que de forma introdutória, para que você possa compreender o que são esses mitos e qual a importância deles para as organizações. Alertamos que o tema deverá ser mais aprofundado, pois contextualizará o verdadeiro poder da organização informal, descoberta por Elton Mayo, e o seu impacto no ambiente organizacional. Por ora, vamos apenas apresentá-lo.

Para Campbell, citado por Ziemer (1996, p. 35), "o mito é uma constelação de crenças, sentimentos e imagens organizadas ao redor de um tema central, com a finalidade de auxiliar os indivíduos a confrontarem e elaborarem os desafios capitais de sua existência".

A função dos mitos, segundo Ziemer (1996), é decodificar os valores e costumes sociais, o que gera impacto na postura das pessoas e em suas relações diárias. Quando ocorrem dentro das organizações, segundo Ziemer (1996), podem ser chamados de *mitos organizacionais*.

Não existe fórmula para administrar uma organização – afirmação que é consenso entre os estudiosos. Todavia, como já alertaram Caravantes, Panno e Kloeckner (2008) sobre os modismos de gestão, os mitos fazem parte do cotidiano e do movimento das pessoas nas organizações. Eles se estabelecem na organização informal, porque, segundo Ziemer (1996), as organizações são sistemas (lembre-se do que estudamos anteriormente) simbolicamente constituídos por imagens (logotipos, propagandas) e símbolos (crachás, formas de se vestir, formas de premiar, punir e de se comunicar), os quais estão entrelaçados de forma complexa.

Os mitos organizacionais podem ser pessoais e coletivos. Quando são coletivos, orientam a cultura organizacional, fornecendo os significados necessários para as suas ações no ambiente de trabalho. Nesse sentido, toda vez que ouvirmos alguém falar sobre **cultura organizacional**, devemos lembrar que esta se refere aos mitos que cada instituição possui construídos por meio de sua organização informal e gerencial e de seus arranjos organizacionais.

Para Ziemer (1996), os mitos explicam as rotinas e os procedimentos da organização, interpretando os eventos passados, afetando as decisões futuras e ajudando a criar uma identidade própria. Em outras palavras, eles delimitam o que é permitido e o que é proibido, os estilos dos gestores, o comportamento considerado ético, a forma de resolver conflitos e os tipos de comunicação. Os processos decisórios também são afetados pelo mito predominante.

Mintzberg, Ahlstrand e Lampel (2011) nos explicam os mitos dos **modismos gerenciais**. Hartwick, durante os últimos 40 anos, pesquisou, em 1.700 publicações acadêmicas, profissionais, comerciais e de negócios, o que torna os modismos tão populares, e descobriu que certos modismos, como os desenvolvidos pela gestão japonesa, introduziram ideias úteis para as organizações (Mintzberg; Ahlstrand; Lampel, 2011). O problema é que os modismos não cumprem o que prometem, razão pela qual declinam rapidamente, perdendo sua validade.

> Modismos são simples conceitos da moda, são fáceis de compreender e comunicar e tendem a ser constituídos de rótulos,

jargões, listas e acrônimos. Normalmente, alguns pontos-chave transmitem uma mensagem fundamental. A TQM, por exemplo, está assentada sobre cinco pilares essenciais. No entanto, por serem, por sua própria natureza, adequados a um mundo simples, têm utilidade limitada no mundo real. (Mintzberg; Ahlstrand; Lampel, 2011)

Mintzberg, Ahlstrand e Lampel (2011) argumentam que a gestão é um fenômeno curioso – uma vez que se trata de uma ação significativa, muito bem remunerada, porém destituída de bom senso. Eles desenvolveram nove pontos centrais sobre os mitos de gestão:

1. **As organizações não têm altos e baixos** – Esses termos são equívocos metafóricos. O que existe, na realidade, são pessoas conectadas com o mundo externo e outras desconectadas. O trabalho dos gerentes é tentar fazer com que uma se conecte com as outras.

2. **Remover os "removedores" de níveis hierárquicos** – Ao eliminar níveis intermediários de gestão, as organizações removem camadas de suas operações. Com isso, criam novos níveis organizacionais que apenas controlam as finanças, deixando todos os demais setores enlouquecidos.

3. **Enxugar a estrutura organizacional não melhora os lucros** – Demitir pessoas é cruel. Analistas de mercados de ações adoram demitir trabalhadores especialistas e gerentes intermediários para aumentar os salários da alta gerência. Isso gera sabotagem nos processos, aumentam-se os custos e promove-se insatisfação e perda de clientes.

4. **Todos os executivos se acham estrategistas** – Os **estrategistas criativos** são visionários e enxergam um mundo que raríssimas pessoas conseguem ver,

razão pela qual são pessoas consideradas difíceis de entender. São eles que abrem novos caminhos – porém, sempre à sua maneira. Já os **estrategistas generosos** estimulam que outras pessoas desenvolvam suas estratégias, construindo organizações fundadas sobre a investigação e a ação criativa. Pouquíssimas pessoas conseguem ser, ao mesmo tempo, estrategistas criativos e generosos.

5. **A descentralização centraliza e a delegação de poder retira o poder** – Tais ações, nas organizações atuais, causam o fracasso de uma gestão eficaz.
6. **Depois que se criam grandes organizações, não há necessidades de grandes líderes** – A experiência demonstra que uma organização que se reduz a um único indivíduo no topo não é funcional para a sustentabilidade organizacional. Organizações de sucesso necessitam de líderes competentes, devotados e generosos, capazes de entender o ambiente organizacional.
7. **Fim aos MBAs (*Master in Business Administration*) convencionais** – Não é possível desenvolver gestores reais nas salas de aulas. É tolice pensar que pessoas que nunca atuaram como gestores vão se tornar um apenas estudando. Os MBAs desenvolvem treinamentos técnicos para serviços especializados, o que não é uma atividade de gestão.
8. **As organizações não precisam de curas intervencionistas, mas de cuidados contínuos** – As organizações necessitam ser cuidadas, tratadas e melhoradas de forma contínua, com o espírito de uma cultura de prevenção.
9. **A gestão atual enfrenta tudo o que foi dito** – As informações relevantes para a definição de estratégias organizacionais dificilmente se transformam em

objetivos aplicados ou chegam tarde demais – e isso precisa ser mudado (Mintzberg; Ahlstrand; Lampel, 2011).

Esses fatores demonstram o tipo de irracionalidade decisória que muitos gestores aplicam nas organizações. Ao se tomar consciência da incoerência entre o discurso e ação, pode-se, segundo Ziemer (1996), esclarecer os mitos e, a partir disso, realizar uma mudança no comportamento das pessoas de uma organização, melhorando assim o seu desempenho em relação ao ambiente organizacional.

Nesse sentido, Pfeffer e Sutton (2006) apresentaram uma teoria denominada *gerenciamento baseado em evidências da medicina*. O principal precursor desse método foi o Dr. David Sackett (1934-), da Universidade McMaster, no Canadá. Ele treinava médicos na avaliação de métodos de pesquisa para realizar triagem, de modo a manter na pesquisa apenas o que fosse essencial. O resultado foi que a sua equipe descartou 98% dos artigos publicados, os quais apresentavam práticas obsoletas.

O trabalho de Pfeffer e Sutton (2006) demonstrou como mudar o modo de pensar e agir de qualquer gestor: deve-se repensar a arte de administrar. Isso implica que o administrador deve desenvolver dois comportamentos-chave.

O **primeiro** é ter disposição para colocar de lado a crença e a sabedoria convencionais – ou seja, as ditas "verdades" – para agir de acordo com fatos reais e consistentes. O **segundo** é o fato de que, os administradores ou gestores devem desenvolver a capacidade de juntar informações essenciais para que, com base nelas, possam tomar decisões inteligentes e coerentes, por meio de novas evidências, atualizando assim suas práticas constantemente.

Ziemer (1996, p. 51) alerta, contudo, que qualquer metodologia que almeja "mudar os mitos básicos da organização [...] significa, geralmente, a oposição de sérias resistências.

Isso se verifica em razão do poder intrínseco do mito e de seu entrelaçamento com a própria história da empresa e a de seus funcionários".

Para saber mais

Para aprofundar seu conhecimento sobre o poder da cultura organizacional e como os mitos se formam, assista ao vídeo indicado a seguir:

SOUSA, R. **Cultura organizacional na empresa**: gestão de pessoas. 2011. Disponível em: <https://www.youtube.com/watch?v=4Ak95oRFHJc>. Acesso em: 15 maio 2014.

É importante lembrarmos que, para gerenciar uma organização, é necessário agregar conhecimentos científicos de várias áreas do conhecimento a fim de desenvolver uma visão transversal, pois o fenômeno organizacional comporta conhecimentos das ciências exatas, técnicas, tecnológicas, comportamentais, psicológicas, antropológicas, sociológicas e ambientais. Nesse processo, é essencial que o gestor tome cuidado com modismos e "achismos". A transversalidade enriquece a agrega competências gerenciais e decisórias.

Síntese

Apresentamos neste capítulo uma introdução aos temas transversais, que, por sua vez, estão correlacionados com o fenômeno organizacional, o qual evolui continuamente, de modo que novas configurações organizacionais se formatam o tempo todo diante da evolução do contexto.

Dessa parte em específico, ressaltamos os mitos que emergem da organização informal, pautados na imprevisibilidade do comportamento humano nas organizações, o que leva os gestores atuais a buscarem conhecimentos paralelos e transversais em outras áreas do conhecimento para o devido entendimento do fenômeno.

Todo dia enfrentamos problemas nas organizações e há necessidade de resolvê-los da melhor forma possível, visando sempre ao bem da sociedade, já que as organizações afetam todo o estrato social.

Questões para revisão

1. O que significa *transversalidade dos conhecimentos?*

2. Considerando a evolução da concepção de *homem* nas organizações, indique a alternativa que contém a sequência correta:
   a) Homem econômico, homem social, homem complexo, homem como ator social, homem organizacional e homem estrutural.
   b) Homem econômico, homem social, homem complexo, homem como ator social, homem organizacional e homem funcional.
   c) Homem econômico, homem social, homem estrutural, homem como ator social, homem organizacional e homem funcional.
   d) Homem econômico, homem social, homem complexo, homem como ator social, homem estrutural e homem funcional.
   e) Nenhuma das alternativas anteriores está correta.

3. Considerando a sequência da evolução das organizações, indique a alternativa correta:
   a) Organizações: econômicas, com foco estrutural; burocráticas; como esfera cultural, simbólicas e políticas; como sistemas que se adaptam de maneira contínua.
   b) Organizações: como máquinas com foco estrutural; burocráticas; como esfera cultural, simbólica e funcional; como sistemas que se adaptam de maneira contínua.
   c) Organizações: econômicas, com foco estrutural; burocráticas; como esfera cultural, simbólica e funcional; como sistemas que se adaptam de maneira contínua.
   d) Organizações: como máquinas, com foco estrutural; burocráticas; como esfera cultural, simbólica e política; como sistemas que se adaptam de maneira contínua.
   e) Nenhuma das alternativas anteriores está correta.

4. O que é *mito* e o que são *modismos gerenciais*?

5. Os mitos, segundo Ziemer (1996), explicam:
   a) as rotinas e os procedimentos da organização, interpretando os eventos passados, afetando as decisões futuras e ajudando a criar uma identidade própria. Ou seja, eles delimitam o que é permitido e o que é proibido, os estilos dos gestores, o comportamento considerado antiético, a forma de resolver conflitos e os tipos de comunicação.
   b) as rotinas e os procedimentos da organização, interpretando os eventos passados, afetando as decisões passadas e ajudando a criar uma identidade própria.

Ou seja, eles delimitam o que é permitido e o que é proibido, os estilos dos gestores, o comportamento considerado ético, a forma de resolver conflitos e os tipos de comunicação.

c) as rotinas e os procedimentos da organização, interpretando os eventos passados, afetando as decisões passadas e ajudando a criar uma identidade própria. Ou seja, eles delimitam o que é permitido e o que é proibido, os estilos dos gestores, o comportamento considerado antiético, a forma de resolver conflitos e os tipos de comunicação.

d) as rotinas e os procedimentos da organização, interpretando os eventos passados, afetando as decisões futuras e ajudando a criar uma identidade própria. Ou seja, eles delimitam o que é permitido e o que é proibido, os estilos dos gestores, o comportamento considerado ético, a forma de resolver conflitos e os tipos de comunicação.

e) Nenhuma das alternativas anteriores está correta.

Questão para reflexão

Considere a seguinte reflexão e discuta com seus colegas as questões a seguir:

"Depois de tudo que é dito e feito, mais é dito do que feito"

(ESOPO, citado por Mintzberg; Ahlstrand; Lampel, 2011, p. 146)

- Como deve ser a atuação do gestor para manter sua empresa de forma competitiva?
- Como deve ser a sua atuação, como aluno, para equilibrar a teoria e a prática?

Para concluir...

Atualmente, vivemos um em mundo globalizado, em plena era da informação. Os desafios impostos aos estudos organizacionais são cada dia mais complexos. Nesse contexto, amplia-se a necessidade de soluções que possam reduzir as diferenças entre as exigências impostas pela globalização e as instabilidades do ambiente e das atuais práticas administrativas.

Modelos como a qualidade total de melhoria contínua, a administração do sentido e das ações simbólicas de mudança organizacional são esforços que contribuem para melhorar as práticas organizacionais. O foco atual está no trabalho em grupo, com base em equipes de alto desempenho, incentivadas a gerar melhores resultados por meio de um trabalho coletivo, caracterizado pela descentralização do poder decisório.

As teorias do caos, do progresso científico, do desenvolvimento e da alta tecnologia a cada dia revolucionam a ciência da administração. A gestão do conhecimento e a concepção do homem como capital intelectual e como principal ativo das organizações está no centro das melhores empresas atuais.

Dessa visão, emergiu a ideia de aprendizagem organizacional – a busca por desenvolver centros de treinamento para as universidades corporativas.

A sociedade atual é uma sociedade de organizações, para a qual a ciência da administração constitui-se ferramenta-chave para promover o desenvolvimento social, econômico, ambiental e humano. Contudo, é importante notar que, apesar de tamanho desenvolvimento, as organizações ainda enfrentam problemas para se constituírem como bons lugares para trabalhar – lugares em que as pessoas possam, também, satisfazer seus objetivos de crescimento, reconhecimento e desenvolvimento de forma humanizada.

Todos os estudos aqui discutidos, à guisa de introdução, estão sendo diariamente articulados nas organizações considerando a transversalidade dos conhecimentos oriundos de todas as áreas científicas. Os princípios de Frederick Taylor acerca do controle e da divisão de trabalho ainda são relevantes nas linhas de produção e nas áreas administrativas.

As dificuldades do trabalho em equipe continuam resultando em conflitos, devido ao movimento da organização informal descoberta por Elton Mayo, bem como pela importância de buscar o equilíbrio, satisfazendo tanto as necessidades organizacionais como as individuais.

Continuamos a nos deparar com os processos de tomada de liderança descritos por Herbet Simon, com a importância da motivação e das disfunções da burocracia – conforme os estudos de Weber – e seus impactos sobre os processos de gestão, controle e poder.

O conceito de *sistema*, que emergiu dos estudos de Bertalanffy, ampliou a visão que até então se tinha sobre as organizações, que efetivamente se alteraram com o tempo, possibilitando o surgimento de tais ideias. A importância dos novos processos de gestão e a discussão aprofundada sobre o comportamento gerencial –especialmente a questão "**Qual é a melhor forma de administrar os processos?**" – continuam na pauta dos grandes gestores.

Abordamos também a ética, os mitos, as mudanças e os conflitos que fazem parte da dinâmica organizacional, a visão dos estruturalistas e suas contribuições para o fenômeno organizacional; e a constante reformulação das organizações em virtude do fenômeno da globalização e das novas formas de poder.

Ao tomarmos conhecimento desses estudos, começamos a perceber que tudo o que dicutimos aqui está presente no cotidiano organizacional – e que, por falta de conhecimento, não percebíamos com clareza e profundidade o que ocorre ao nosso redor.

Você ainda tem muito o que aprender sobre as organizações e o comportamento das pessoas dentro delas. Para isso, devemos ter em mente que a aprendizagem dura a vida inteira e que **a forma como pensamos determina o que agiremos. Fique atento!**

Como afirma Hannah Arendt (1995, p. 143), "Uma vida sem pensamento é totalmente possível, mas ela fracassa em fazer desabrochar sua própria essência – ela não é apenas sem sentido; nem totalmente viva. Homens que não pensam são como sonâmbulos".

Este livro é apenas o início do caminho: muito há para saber sobre os estudos organizacionais – conhecimentos que virão por meio de outras disciplinas. Lembramos, por fim, que antes do sucesso há trabalho, dedicação e estudo.

Referências

AMARAL, P. F. do. **Taylor**: o mago da administração. São Paulo: Parma; [s. l.]: Pro-memória, 1984.

ANDRADE, R. O. B. de; AMBONI, N. **Fundamentos de administração**: para cursos de gestão. Rio de Janeiro: Elsevier, 2011.

ARCHER, E. R. Mito da motivação. In: BERGAMINI, C. W.; CODA, R. (Org.). **Psicodinâmica da vida organizacional**: motivação e liderança. 2. ed. São Paulo: Atlas, 1997. p. 23-46.

ARENDT, H. **A vida do espírito**: o pensar, o querer, o julgar. 3. ed. Tradução de Antonio Abranches; Cesar Augusto R. de Almeida; Helena Martins. Rio de Janeiro: Relume-Dumará, 1995.

ARGYRIS, C. **Personalidade e organização**: o conflito entre o sistema e o indivíduo. Rio de Janeiro: Renes, 1968.

ARISTÓTELES. Analítica posterior. In: ARISTÓTELES, **Obras**. 2. ed. Tradução de F. R. Samaranch. Madri: Aguilar, 1967. p. 351-412.

ARISTÓTELES. **Arte retórica e arte poética**. Tradução de Antônio Pinto de Carvalho. Rio de Janeiro: Tecnoprint, 1985.

BARBOSA, L. M. A.; MANGABEIRA, W. C. **A incrível história dos homens e suas relações sociais**. 5. ed. Petrópolis: Vozes, 1986.

BARBOSA, L. M. S. **Parâmetros Curriculares Nacionais**: temas transversais – uma interpretação e sugestões para a prática. Curitiba: Bella Escola, 2002.

BARNARD, C. I. **As funções do executivo**. Tradução de Flávio Moraes de Toledo Piza. São Paulo: Atlas, 1971.

BAZARIAN, J. **O problema da verdade**: teoria do conhecimento. 3. ed. São Paulo: Alfa-Omega, 1988.

BERGAMINI, C. W. Motivação: mitos, crenças e mal--entendidos. **RAE – Revista de Administração de Empresas**, São Paulo, v. 30, n. 2, p. 23-34, abr./jun. 1990. Disponível em: <http://www.scielo.br/pdf/rae/v30n2/v30n2a03>. Acesso em: 1º ago. 2014.

BERTALANFFY, L. V. **Teoria geral dos sistemas**. São Paulo: Vozes, 2008.

BRANDÃO, H. P.; GUIMARÃES, T. A. Gestão de competências e gestão de desempenho: tecnologias distintas ou instrumentos de um mesmo construto? **RAE – Revista de Administração de Empresas**, São Paulo, v. 41, n. 1, p. 8-15, jan./mar. 2001. Disponível em: <http://www.scielo.br/pdf/rae/v41n1/v41n1a02.pdf>. Acesso em: 23 jul. 2014.

BUNGE, M. **Ciência e desenvolvimento**. Tradução de Cláudia Regis Junqueira. Belo Horizonte: Itatiaia; São Paulo: Edusp, 1980. (Coleção O Homem e a Ciência).

BURRIS, B. H. **Technocracy at Work**. Albany: State University of New York Press, 1993.

CAMARGO, F. J. de. A administração em um geral. **Artigos**, 25 mar. 2009. Disponível em: <http://www.administradores.com.br/artigos/

marketing/a-administracao-em-um-geral/28949>. Acesso em: 29 jul. 2014.

CAPRA, F. **O tao da física**: uma análise dos paralelos entre a física moderna e o misticismo oriental. São Paulo: Cultrix, 1984.

____. ____. 28. ed. São Paulo: Cultrix, 2011.

CARAVANTES, G. R. **Teoria geral da administração**. Porto Alegre: Age, 2000.

CARAVANTES, G. R.; PANNO, C. C.; KLOECKNER, M. C. **Administração**: teorias e processo. São Paulo: Pearson, 2008.

CFA – Conselho Federal de Administração. Disponível em: <www.cfa.org.br>. Acesso em: 14 maio 2014a.

____. **Juramento do adm**. Disponível em: <http://www.cfa.org.br/administracao/sobre-a-profissao/juramento-do-adm>. Acesso em: 9 jul. 2014b.

____. **O símbolo**. 2014c. Disponível em: <http://www.cfa.org.br/administracao/sobre-a-profissao/o-simbolo>. Acesso em: 9 jul. 2014.

CHIAVENATO, I. **Introdução à teoria geral da administração**. 3. ed. São Paulo: McGraw-Hill do Brasil, 1983.

____. **Introdução à teoria geral da administração**: uma visão abrangente da moderna administração das organizações. 7. ed. rev. e atual. Rio de Janeiro: Elsevier, 2003.

CLEGG, S.; KORNBERGER, M.; PITSIS, T. **Administração e organizações**: uma introdução à teoria e à prática. 2. ed. Porto Alegre: Bookman, 2011.

CRA-BA – Conselho Regional de Administração da Bahia. **História da profissão**. Disponível em: <http://www.cra-ba.org.br/Pagina/57/Historia-da-Profissao.aspx>. Acesso em: 16 maio 2014.

DAVENPORT, T. H.; PRUSAK, L. **Conhecimento empresarial**: como as organizações gerenciam o seu capital intelectual. Rio de Janeiro: Elsevier, 1998.

DAVIDOW, W. H.; MALONE, M. S. **The Virtual Corporation**: Structuring and Revitalizing the Corporation for 21st Century. New York: Harper Business, 1992.

DEMO, P. **Metodologia científica em ciências sociais**. 3. ed. rev. e ampl. São Paulo: Atlas, 1995.

DEZORDI, L. L. **Fundamentos de economia**. Curitiba: Iesde, 2010.

DRUCKER, P. F. **A profissão de administrador**. São Paulo: Pioneira, 1998.

_____. **Administração de organizações sem fins lucrativos**: princípios e práticas. 2. ed. São Paulo: Thomson Pioneira, 1994.

_____. **Prática da administração de empresas**. Rio de Janeiro: Fundo de Cultura, 1962.

ENRIQUEZ, E. **A organização em análise**. Rio de Janeiro: Vozes, 1977.

ETZIONI, A. **Organizações modernas**. 4. ed. São Paulo: Pioneira, 1974.

FAYOL, H. **Administração industrial e geral**. 3. ed. São Paulo: Atlas, 1977.

FERRARI, A. T. **Metodologia da ciência**. Rio de Janeiro: Kennedy, 1974.

FERREIRA, A. A.; REIS, A. C. F.; PEREIRA, M. I. **Gestão empresarial**: de Taylor aos nossos dias – evolução e tendências da moderna administração de empresas. São Paulo: Pioneira, 2002.

FERREIRA, A. B. de H. **Miniaurélio século XXI escolar**: o minidicionário da língua portuguesa. 4. ed. Rio de Janeiro: Nova Fronteira, 2001.

FUSTIER, M. **O conflito na empresa**: formação permanente em ciências humanas. São Paulo: M. Fontes, 1982.

HALL, R. H. **Organizações**: estruturas, processos e resultados. São Paulo: Prentice Hall, 2004.

HAMPTON, D. R. **Administração contemporânea**. São Paulo: McGrall-Hill, 1983.

HEDLUND, G. The Hypermodern MNC: a Heterarchy? **Human Resource Management Journal**, v. 25, n. 1, p. 9-35, 1986.

HEGENBERG, L. **Etapa da investigação científica**. São Paulo: Edusp, 1976.

HERZBERG, F. Novamente: como se faz para motivar funcionários? In: BERGAMINI, C. W.; CODA, R. (Org.). **Psicodinâmica da vida organizacional**: motivação e liderança. 2. ed. São Paulo: Atlas, 1997. p. 108-129.

KINICKI, A.; KREITNER, R. **Comportamento organizacional**. São Paulo: McGraw-Hill, 2006.

KUHN, T. S. **A estrutura das revoluções científicas**. 5. ed. São Paulo: Perspectiva, 1998.

LEWIN, K. **Princípios de psicologia topológica**. São Paulo: Cultrix, 1973.

_____. **Teoria dinâmica da personalidade**. São Paulo: Cultrix, 1975.

LIKERT, R. **A organização humana**. São Paulo: Atlas, 1975.

_____. **Novos padrões de administração**. São Paulo: Pioneira, 1971.

LODI, J. B. **Administração por objetivos**: uma crítica. São Paulo: Pioneira, 1972.

LOPES, L. S. **A teoria administrativa de Fayol**: Taylor e Fayol. 5. ed. Rio de Janeiro: Ed. da FGV, 1897.

MARCH, J. G.; SIMON, H. A. **Organizations**. New York: Wiley, 1958.

_____. **Teoria das organizações**. 2. ed. Rio de Janeiro: Ed. da FGV, 1970.

MARIOTTI, H. **Organizações de aprendizagem**: educação continuada e a empresa do futuro. 2. ed. São Paulo: Atlas, 1999.

MARIOTTI, H. **Pensando diferente**: para lidar com a complexidade, a incerteza e a ilusão. São Paulo: Atlas, 2010.

MARX, K. **O capital**: crítica da economia política. Rio de Janeiro: Bertrand Brasil, 1989. Livro I. v. 2.

MASLOW, A. H. **Motivation and Personality**. New York: Harper & Row, 1970.

MATTOS, P. L. C. L. "Administração é ciência ou arte?" O que podemos aprender com este mal-entendido? **Revista de Administração de Empresas**, São Paulo, v. 49, n. 3, p. 349-360, jul./set. 2009. Disponível em: <http://rae.fgv.br/sites/rae.fgv.br/files/artigos/10.1590_S003475902009000300009.pdf>. Acesso em: 23 jul. 2014.

McCLELLAND, D. **A sociedade competitiva**: realização e progresso. Rio de Janeiro: Expressão e Cultura, 1972.

McGREGOR, D. O lado humano da empresa. In: BALCÃO, Y. F.; CORDEIRO, L. L. **O comportamento humano na empresa**. Rio de Janeiro: Ed. da FGV, 1979. p. 48-52.

McSHANE, S. L.; GLINOW, M. A. V. Tradução de Luiz Claudio de Queiroz Faria. **Comportamento organizacional**. Porto Alegre: AMGH, 2013.

MERTON, R. K. **Social Theory and Social Structure**. New York: Free Press, 1957.

MINTZBERG, H. **Power in and Around Organizations**. Englewood Cliffs: Prentice-Hall, 1983.

MINTZBERG, H.; AHLSTRAND, B.; LAMPEL, J. **Management não é o que você pensa**. Porto Alegre: Bookman, 2011.

MORGAN, G. **Imagens da organização**. Tradução de Geni G. Goldschmidt. 2. ed. São Paulo: Atlas, 2006.

MOTTA, F. C. P. **Teoria geral da administração**: uma introdução. São Paulo: Pioneira, 1975.

MOTTA, F. C. P.; VASCONCELOS, I. F. G. de. **Teoria geral da administração**. São Paulo: Pioneira Thomson Learning, 2002.

OUCHI, W. G. Markets, Bureaucracies and Clans. **Administrative Science Quarterly**, v. 25, n. 1, p. 129-143, 1980. Disponível em: <http://glennschool.osu.edu/faculty/brown/home/Org%20Theory/Readings/Ouchi1980.pdf>. Acesso em: 27 jul. 2014.

PAGÈS, M. et al. **O poder das organizações**: a dominação das multinacionais sobre os indivíduos. São Paulo: Atlas, 1993.

PFEFFER, J.; SUTTON, R. I. **A verdade dos fatos**: gerenciamento baseado em evidências – como reconhecer e evitar o perigo das meias verdades. 2. ed. São Paulo: Elsevier, 2006.

PINTO, A. P. **Ciência e existência**: problemas filosóficos da pesquisa científica. 3. ed. São Paulo: Paz e Terra, 1985.

POPPER, K. **A lógica da pesquisa científica**. São Paulo: Cultrix, 1972.

POWER, M. **The Audit Society**: Rituals of Verification. 2. ed. Oxford: Oxford University Press, 1997.

RICHARDSON, R. J. et al. **Pesquisa social**: métodos e técnicas. 3. ed. rev. e ampl. São Paulo: Atlas, 1999.

RICOEUR, P. **A metáfora viva**. Tradução de Dion Davi Macedo. São Paulo: Loyola, 2000.

ROBBINS, S. P. **Administração**: mudança e perspectivas. São Paulo: Saraiva, 2000.

_____. **Comportamento organizacional**. 9. ed. São Paulo: Prentice Hall, 2002.

ROSENZWEIG, P. M. **Derrubando mitos**: como evitar os nove equívocos básicos no mundo dos negócios. Tradução de Ricardo Gouveia. São Paulo: Globo, 2008. (Coleção Negócios).

SEBRAE – Serviço Brasileiro de Apoio às Micro e Pequenas Empresas. Disponível em: <http://www.sebrae.com.br/sites/PortalSebrae>. Acesso em: 1º jun. 2014.

SEMLER, R. **Virando a própria mesa**: uma história de sucesso empresarial made in Brazil. Rio de Janeiro: Rocco, 2002.

SIMON, H. A. **Comportamento administrativo**. Rio de Janeiro: Ed. da FGV, 1965.

STONER, J. A.; FREEMAN, R. E. **Administração**. Rio de Janeiro: Prentice-Hall do Brasil, 1985.

WAGNER III, J. A.; HOLLENBECK, J. R. **Comportamento organizacional**: criando a vantagem competitiva. São Paulo: Saraiva, 1999.

WEBER, M. **A ética protestante e o "espírito" do capitalismo**. São Paulo: M. Claret, 2002.

ZIEMER, R. **Mitos organizacionais**: o poder invisível na vida das empresas. São Paulo: Atlas, 1996.

Respostas

Capítulo 1
1. A resposta se encontra na Seção 1.1.
2. b
3. A resposta dessa questão é a definição do conceito de *racionalidade limitada* (consultar Seção 1.5).
4. c
5. d

Capítulo 2
1. A resposta deve ser elaborada com base na Figura 2.1
2. b (consulte o Quadro 2.2).
3. b (consulte o Quadro 2.4).
4. e (consulte o Quadro 2.5).
5. A resposta deve ser elaborada com base no Quadro 2.6.

Capítulo 3

1. A resposta deve ser elaborada com base no Quadro 3.2.
2. b
3. c (consulte o Quadro 3.3).
4. c
5. A resposta se encontra na Seção 4.2.

Capítulo 4

1. A resposta se encontra na Seção 4.1.
2. a (consulte o Quadro 4.1).
3. b (A resposta se encontra na Seção 4.2.1).
4. d (consulte o Quadro 4.3).
5. A resposta se encontra na Seção 4.2.

Capítulo 5

1. A resposta deve ser elaborada com base na Seção 5.1.
2. e
3. a (consulte o Quadro 6.3).
4. A resposta se encontra no Quadro 5.1.
5. d

Capítulo 6

1. A resposta deve ser elaborada com base na Seção 6.1.
2. c (consulte o Quadro 6.2).
3. a (consulte o Quadro 6.7).
4. A resposta deve ser elaborada com base na Seção 6.3.
5. d

Capítulo 7

1. A resposta se encontra na introdução do capítulo.
2. b (consulte o Quadro 7.1).
3. d (consulte a Seção 7.1)
4. A resposta deve ser elaborada com base na Seção 7.2.
5. d

Sobre a autora

Sandra Maria Coltre é graduada em Administração (1985) pela Faculdade de Educação, Ciências e Letras de Cascavel (Fecifel), especialista em Educação Brasileira (1990) pela Universidade Federal de Santa Catarina (UFSC) e mestra em Administração (1994) e doutora em Engenharia de Produção (2004) pela mesma instituição. É professora na Universidade Estadual do Oeste do Paraná (Unioeste) e em cursos de pós-graduação em nível de especialização e mestrado nas áreas de gestão de pessoas e comportamento organizacional. Participa como avaliadora *ad hoc* do Ministério da Educação (MEC/Inep). Cargos ocupados: pró-reitora de Administração, assessora do grupo de planejamento e controle, chefe de divisão de avaliação de desempenho, coordenação de curso e de estágio, presidente da Comissão Permanente de Avaliação (CPA) Setorial. Pertence ao Grupo de Estudos em Organizações Sociais (Geos). Atua em treinamentos nas áreas de gestão de pessoas e comportamento organizacional.

FSC
www.fsc.org
MISTO
Papel produzido
a partir de
fontes responsáveis
FSC® C051266

Impressão: Gráfica Exklusiva
Fevereiro/2022